발달장애아동 사회적 기술향상을 위한 상황이야기

나의 학교이야기

박현옥 저자 | **이명옥** 그림

발달장애아동 사회적 기술향상을 위한 상황이야기

나의 학교이야기

본서는 파라다이스복지재단 2003년도 학술연구비지원을 통해 진행된 "장애학생과 일반학생의 사회적 상호작용 증진을 위한 사회적 이야기 중재 프로그램 개발연구(책임연구자 박현옥)"의 결과를 토대로 구성되었습니다.

지은이_박현옥 이화여자대학교 특수교육학과를 졸업하고 동대학원에서 석·박사를 취득하였다. 이화여자대학교 발달장애아동센터 연구원으로 10여 년간 교육현장에서 근무하였으며, 현재 백석대학교 유아특수교육과 교수로 재직하고 있다.

그 림_이명옥 한국외대 화학과를 졸업하고 〈신시아이야기〉〈재미있는 언어치료〉등의 그림을 그렸다. 현재 프리랜서 일러스트레이터로 활동하고 있다.

초판 1쇄 발행 : 2005년 3월 21일

초판 2쇄 발행 : 2008년 11월 1일

초판 3쇄 발행 : 2020년 3월 21일

초판 4쇄 발행 : 2024년 5월 20일

발행처 : 재단법인 파라다이스 복지재단

발행인 : 최윤정

주소 : 서울특별시 중구 퇴계로 299 3층

전화 : 1544-2311

팩스 : 02-2273-2658

등록 : 2002년 5월 13일

가격 : 24,000원

온라인 판매 : 아이소리몰 https://isorimall.com

파라다이스복지재단은 장애인과 우리 주변의 소외계층에게 따뜻한 사랑을 나누고 더불어 살아가는 희망을 전하겠습니다. 재단법인 파라다이스복지재단은 기업 이윤의 사회 환원을 통해 더불어 살아가는 사회를 구현하고 행복한 미래를 창조하기 위해 1994년에 설립됐습니다.

특히 기업의 사회적 책임을 강조하는 파라다이스 그룹의 이념과 故우경(宇耕) 전락원(田樂園) 회장의 인간존중 철학이 고스란히 담긴 기업 공익 재단입니다.
파라다이스복지재단은 장애인을 비롯한 소외계층의 어려움을 함께 나누고 보다 풍요로운 미래를 디자인하겠다는 한결같은 열정으로 교육, 치료, 문화, 예술 등 다양한 영역에서 노력의 결실을 거둬왔습니다.

무엇보다 장애아동과 청소년 교육 치료에 필요한 차별화된 콘텐츠 및 프로그램을 연구 개발하는데 역점을 두고, 이들이 독립된 인격체로서 그리고 당당한 사회 구성원으로 성장할 수 있도록 희망의 기운을 불어넣고 있습니다.

뿐만 아니라 우리 사회의 장애 관련 학술단체와 현장기관을 지원함으로써 장애에 관한 특성화된 연구를 장려하고, 실질적으로 현장에서 필요한 장애인 중심의 창의적 서비스를 지속적으로 제공하는데 전력을 다하고 있습니다.

저자 서문

연구자가 좋은 연구주제를 만나 즐겁게 연구할 수 있다는 것은 커다란 행운이다. 저자가 연구 주제로 '상황이야기'를 만나 즐겁게 연구하고 본 책을 저술할 수 있었던 오랜 시간 참 행복했다. 『발달장애아동의 사회적 기술 향상을 위한 상황이야기 : 나의 학교 이야기』가 출간된 지 14년 만에 새롭게 개정되어 세상에 다시 나오게 되었다. 오랜 시간이 지나면서 상황이야기는 '효과가 입증된 중재 방법(Evidence Bassed Practice)'으로 중재 효과를 제시하는 많은 연구가 누적되었다. 그동안 교육과 치료 현장에서, 그리고 장애 아동의 부모님들로부터 상황이야기 책을 다시 만들어 달라는 요청을 받아왔고, 곧 출간될 것이라 약속한 시간이 지나 미안하고 안타까웠던 시간들이 지났다. 어떤 아동은 초등학교 고학년이 되었을 것이고, 또 누군가는 이미 중학생이 되었거나 고등학교를 지나 대학생이거나 사회 초년생으로 애써 적응하고 있을 것이다.

이 책은 자폐스펙트럼 장애 학생을 비롯한 발달장애 학생들과 복잡하고 다양한 사회적 상황에 적응하는데 어려움을 겪는 "나의 학생들"과 나의 학생들과 함께 생활하는 전문가와 부모님을 위해 개발되었다.

상황이야기는 이해하기 힘들어서 혼란스럽고 당황스러운 복잡한 사회적 상황을 이해할 수 있도록 구체적이고 명시적인 사회적 정보로 알려주는 것을 일차 목표로 한다. 누군가에게 당연한 사실이 누군가에게는 새롭고 혼란스럽고 알 수 없는 일이 될 수 있다. 예를 들어, 현장학습을 가는 날에는 학교 교실에서 지내지 않고 새로운 장소에서 지내야 한다는 것을 이해하는 일이 일반 아동에게는 전혀 어렵지 않을 수 있다. 그러나 자폐스펙트럼장애 학생에게는 너무도 이해하기 힘들고 적응하기 힘든 일일 수 있다. 왜 평소와 같이 교실에서 생활하지 않는 것인지 아무도 설명하지 않았다. 그러니 불안하고 당황스럽다. 상황이야기는 이러한 어려움을 돕기 위한 이야기들로 구성되었다. 즉, 상황이야기는 사회적 상황 속에서 경험하는 복잡한 사건이 무엇인지 설명해주고, 그 사건의 발생 원인을 알려주어 궁극적으로 사회적 상황에 대한 예측 능력을 갖게 되는 것을 지원하게 될 수 있다.

이 책은 학교 내에서 경험하게 되는 다양한 상황에 대해 구체적이고 실제적인 이야기로 구성되었다. 1부에서는 학교생활 속 여러 상황에서 어떻게 행동해야 하는지를 구체적으로 제시하였다. 이를 위해 학생들의 교실 내 생활과 교실 밖 생활로 구분하여 각 하위 영역에 해당하는 이야기를 제시하였다. 2부에서는 친사회적 행동에 관련한 내용으로 하위 영역은 '새로운 친구들 사귈 때는 이렇게 합니다'와 '나와 친구들의 마음을 잘 알게 되었습니다.'의 두 개 영역으로 구성되었다.

이 책이 복잡한 사회적 상황 속에서 힘들어 하는 학생들에게 무엇을 어떻게 지도해야 하는지 혼란스러운 부모님들과 현장 전문가들이 '어떤 내용을 어떻게 도와주어야 하는지'를 파악하고 적극적으로 활용할 수 있는 자료가 되길 바라는 마음 또한 간절하다. 이 책은 상황에 적합하지 않은 행동을 긍정적 행동으로 변화시켜줄 수 있는 자료로 활용될 수 있을 것이고, 사회적 상호작용을 촉진하거나 다른 사람의 마음을 이해하는데 도움이 되는 자료로도 활용될 수 있을 것이다.

오랜 시간이 지났지만 이야기 개발을 위한 기초 연구에 많은 친구 선생님들의 참여가 있었고, 친구 부모님들의 도움이 있었다. 여전히 감사한 마음을 전합니다. 그리고 이 책을 통해 나의 학생들에게 많은 긍정적인 변화가 있었음을 알려주어 긍정적 힘을 보태주신 현장 전문가들과 부모님들께 또한 감사의 마음을 전합니다. 마지막으로 이 책의 출간을 지원해주신 파라다이스 복지재단의 여러 선생님들께 감사의 마음을 전합니다.

2020년 3월 **박현옥**

CONTENTS

2부

: 친구들과는 이렇게 지냅니다.

자폐스펙트럼장애 학생의
학교생활 적응을 위한 상황 이야기 : 나의 학교 이야기

1) 상황이야기의 특성과 자폐스펙트럼장애 학생

상황이야기는 여러 다양한 사회적 상황에서 일어나는 일을 구체적이고 체계적인 언어로 설명하여 사회적 상황에 적응하는데 많은 어려움을 보이는 장애 학생을 지원하기 위한 중재 방안이다(Gray, 2015).

자폐스펙트럼장애학생은 사회적 의사소통에 많은 어려움을 보이며 마음이해능력의 어려움을 나타낸다(박현옥, 2008). 또한 다양한 형태의 제한된 반복행동으로 인해 일생 생활 중의 작은 변화에도 많은 어려움을 겪는다. 더욱이 우리가 일상생활 중에 매일 만나게 되는 사회적 상황은 너무도 복잡하다. 즉, 자폐스펙트럼장애 학생이 마주하는 사회적 환경은 가정과 지역사회, 그리고 학교 환경이 주를 이루는데 특별히 학교 환경에서는 마주하는 사회적 환경과 물리적 환경, 시간적 환경을 다 이해하고 적응하도록 하려면 매 순간 체계적인 안내와 지원이 필요하다(방명애, 박현옥, 김은경, 이효정, 2018).

예를 들어, 쉬는 시간을 활용하는 방법이나 놀이 방법을 알고 놀이를 하는 것은 일반 학생들에게 매우 익숙한 일이겠지만 자폐스펙트럼장애학생의 경우에는 구조화의 정도가 낮은 쉬는 시간 동안 어떤 일을 해야 하며 누구와 지내야 하는지 이해되지 않을 수 있다. 또한 같은 말에도 다른 의미가 있고 같은 말이라 하더라도 어투에 따라 다른 의미를 내포하고 있는 것과 같은 상황은 너무도 힘든 상황이다. 따라서 이러한 모든 상황을 잘 이해하고 적응할 수 있도록 체계적으로 안내하고 설명할 필요가 있는데 상황이야기는 이러한 어려움을 다소 완화해 줄 수 있도록 돕는 역할을 한다(방명애 외, 2018).

상황이야기는 자폐스펙트럼장애 학생이 어려움을 느끼는 다양한 사회적 상황에 대해 구체적인 정보를 제공하고 지금 어떤 일이 일어나고 있는지,

왜 그러한 일이 일어났는지를 설명하고 그러한 상황 속에서 다른 사람들은 어떻게 행동하며 나는 어떻게 해야 하는지 구체적인 이야기 형식으로 설명한다. 또한 이야기에 대한 이해를 도울 수 있는 그림 자료를 포함하여 사회적 상황에 대한 이해를 돕는다.

2) 상황이야기 중재 효과

상황이야기는 국내외 여러 연구결과를 통해 그 효과가 입증되었다(강영일, 전혜인, 2012; 김경민, 이숙향, 2012; 김미영, 이소현, 최윤희, 2006; 김완숙, 방명애, 2014; 김해선, 김은경, 전상신, 2016; 박현옥, 2004; 박현옥, 2006; 박현옥, 2007; 전상신, 김은경, 2009).
Gray(1994)가 상황이야기를 처음 개발하여 사용할 때는 자폐스펙트럼장애인의 사회적 능력을 향상시키는 것을 목적으로 하였으나, 이후 여러 연구를 통해 사회적 능력을 향상시키는 것은 물론 행동문제 감소에도 매우 효과적인 것으로 나타났다. 이와 같이 상황이야기가 문제 행동 감소에도 효과적인 것은 복잡한 사회적 상황을 자폐스펙트럼장애 학생이 이해할 수 있는 언어로 설명하여 그 상황에 대한 이해를 도울 수 있으며 그러한 상황에서 다른 사람이 느끼는 정서적 상태를 설명하여 다른 사람에 대한 이해 능력을 향상시킨다(박현옥, 2011; 박현옥, 이소현, 2010). 또한 사회적 상황에서 내가 어떤 행동을 해야 하는지를 구체적으로 안내하여 바람직한 행동을 할 수 있도록 하고 더불어 사회적 상황에서 어떤 일이 일어나는지를 예측할 수 있도록 하여 문제행동 감소에도 효과적인 것으로 나타났다.

이러한 중재 효과를 정리하면 다음과 같다.

- 다른 사람의 생각과 마음을 이해하는 능력을 향상시키는데 활용될 수 있다.
- 사회적 상황에 대한 이해 능력을 향상시키는데 활용될 수 있다.
- 가정과 지역사회에서 일어나는 복잡한 사회적 상황을 이해하고 그러한 상황 속에서 어떻게 행동해야 하는지를 효과적으로 알려줄 수 있다.
- 학교에서 일어나는 여러 복잡한 상황에 적응하는 능력을 향상시킬 수 있다.
- 자폐스펙트럼장애학생의 사회의사소통 능력을 향상시킨다.
- 문제행동 감소에 긍정적인 영향을 미칠 수 있다.
- 긍정적 행동지원 방안으로 활용될 수 있다.

3) 상황이야기 개발

(1) 상황이야기 적용 대상은 누구인가?

상황이야기는 자폐스펙트럼장애학생에게 효과적인 방법으로 알려졌으며 여러 연구에 의해 효과가 입증된 방법이다(evidence based practice :EBP).
그러나 발달 지연 유아 및 지적 장애 학생에게 적용했을 경우에도 효과가 있는 것으로 알려졌다. 구체적으로 상황이야기의 적용대상은 다음과 같다.

1. 장애유형 : 자폐스펙트럼 장애, 지적장애 및 발달지연 유아, 기타 사회적 상황을 이해하는데 어려움이 있는 모든 아동
2. 연령 : 유아기부터 성인기까지 모든 연령에 적용 가능함
3. 기타 유의사항 : 상황이야기는 다양한 장애 영역 및 다양한 연령에 적용가능함. 그러나 이야기나 글자를 이해할 수 있을 정도의 인지 능력이 있을 경우 보다
효과적으로 활용할 수 있다. 글자 이해 능력이 없는 경우 그림 자료 중심으로 제작하여 활용할 수 있음.

(2) 상황이야기는 누구에 의해 개발될 수 있는가?

상황이야기는 적용대상자인 학생을 잘 알고 자주 만나는 부모와 교사, 치료자에 의해 개발되는 것이 가장 바람직하다.

(3) 상황이야기 개발 및 적용

상황이야기는 대상아동에 대한 개별화된 정보를 수집하는 진단 과정에서부터 시작하여 진단 결과를 중심으로 이야기를 개발하며 이야기를 적용
하고 적용효과를 점검하는 과정으로 구성될 수 있다.

■ 학생에 대한 개별화된 정보 수집

학생에 대한 개별화된 정보는 첫째, 학생이 어려움을 보이는 사회적 상황에 대한 정보와 둘째, 학생의 능력에 대한 정보의 두 가지 차원으로 수집해야 한다.

• 사회적 상황과 학생의 적응에 대한 정보 수집

학생이 사회적 상황에서 겪는 어려움은 무엇인가?

어떤 상황에서 가장 많은 어려움을 나타내는가?

어려움의 정도는 어느 정도인가?

• 학생의 능력에 관련한 정보 수집

언어 이해 능력은 어느 정도인가?

글을 읽을 수 있는가? 읽을 수 있다면 문장과 이야기 이해 능력은 어느 정도인가?

학생이 좋아하는 것은 있는가? 있다면 구체적으로 무엇인가?

■ 상황이야기 주제 선정

상황이야기 주제는 개별 학생이 어려움을 보이는 사회적 상황에 관련된 내용으로 구성할 수 있다. 예를 들어, 사회적 상황에서 변화에 적응하는데 어려움을 보이는 학생을 위해 변화를 설명하고 변화에 어떻게 적응하는지를 알려줄 수 있는 이야기 주제를 선정할 수 있다. 즉, 수업 시간이 갑자기 변화하거나 활동 장소가 바뀔 때 적응을 힘들어하고 행동문제를 나타내는 학생을 위해, '시간표가 바뀌었어요.'라거나 '비가 오는 날 체육활동을 실내에서 할 수도 있습니다.'와 같은 주제로 이야기를 구성한다면 학생이 변화를 이해하고 변화를 예측할 수 있도록 도울 수 있다.

(4) 상황이야기 작성

상황이야기는 개별적으로 수집된 정보에 근거하여 작성해야 한다. 또한 이야기 속에 대상 학생의 관심사를 포함하여 학생이 보다 즐겁게 이야기를 읽을 수 있도록 작성해야 한다. 자폐스펙트럼 장애 학생의 경우 특별한 관심사에 몰입하는 경향이 있는데 이를 강점으로 활용할 경우 매우 효과적이다(박현옥, 장지연, 김은주, 2017).

다음 글상자는 상황이야기 작성 시 고려해야 할 구체적인 지침이다.

- 상황이야기 작성 시 사용하는 문장은 긍정문으로 구성해야 한다.
- 상황이야기 구성 시 문장 수준은 개별 아동의 언어 이해 능력과 인지 능력에 근거해서 작성 한다.
- 본 책에서 제시한 이야기와 같이 이미 작성된 이야기를 활용할 경우에는 개별아동의 능력에 적합한 수준으로 수정해서 적용한다.
- 이야기의 내용은 아동이 매일 접하는 일상생활과 관련된 내용으로 구성한다.
- 상황이야기에는 사회적 상황에서 어떤 일이 일어나고 있는지, 그럴 때 어떤 행동을 해야 하는지, 다른 사람들의 마음은 어떠한지, 그러므로 나는 어떤 행동을 해야 하는지 등을 구체적이고 명시적으로 제시한다.
- 상황이야기는 글자와 그림이라는 시각적 단서를 활용한다. 이야기에 포함된 그림자료는 이야기 이해를 도울 수 있다. 그러므로 그림자료도 이야기 내용과 직접적으로 관련되도록 구성한다.
- 이야기는 가능한 짧고 명확하게 구성한다.

출처 : 방명애 외, 2018; Gray, 2015

(5) 상황이야기 적용

① 상황이야기 책 제작하기

위 절차에 의해 개발된 이야기는 책과 같은 형태로 제작하여 대상 학생이 쉽게 볼 수 있는 장소에 비치하거나 학생이 직접 가지고 다니면서 읽을 수 있도록 한다. 이처럼 일반적인 이야기 책 형태로 제작하여 활용하는 방법 외에도 테블릿 PC나 스마트 폰 앱, 비디오 피드백 등과 같은 멀티미디어를 활용하여 적용할 수도 있다.

② 상황이야기를 읽는 환경과 시간

• 상황이야기를 읽는 환경

상황이야기의 작용 환경은 개별아동의 특성과 이야기 주제에 따라 달라질 수 있으나 일반적으로 대상 학생이 편안하게 느낄 수 있는 조용한 곳이 가장 적절하다.

예를 들어, 학교에서 교사와 함께 이야기를 읽는 다면 도서 영역에 비치된 편안한 의자에서 교사와 함께 나란히 앉아서 읽을 경우 학생이 보다 편안하고 즐겁게 이야기를 읽을 수 있다.

• 상황이야기를 읽는 시간과 빈도

시간 : 상황이야기를 읽는 시간은 학생이 편안하게 읽을 수 있는 시간이 바람직하다. 예를 들어, 학교 상황의 경우 등교 후 수업 시작하기 전 시간, 쉬는 시간, 점심 식사 후 쉬는 시간, 방과 후 등이 적절하다. 가정에서는 부모와 자녀가 모두 편안한 시간이 적절한데 예를 들어, 간식 시간 후 쉬는 시간이나 저녁 식사 후 쉬는 시간 등을 활용할 수 있다.

빈도 : 상황이야기를 읽는 빈도는 학생의 필요에 따라 적절히 조절할 수 있다. 예를 들어, 서울 시내의 한 중학교 특수학급에서 상황이야기를 적용한 경우, 주 4회 이상 이야기를 읽을 수 있도록 하였으며 하루에는 3회 이상 이야기를 읽게 한 사례도 있다.

③ 상황이야기를 읽을 때 함께 하는 사람

상황이야기를 적용하는 초기에는 대상 학생을 잘 알고 상황이야기 개발 과정에 참여한 교사나 부모와 함께 이야기를 읽는 것이 적절하다. 즉, 아동을 잘 이해하면서 아동과 친밀감을 형성한 사람과 이야기를 읽으며 상황이야기를 읽고 이해할 수 있도록 지원할 수 있다. 그러나 점차 아동이 혼자 이야기를 읽을 수 있게 되면 성인의 지원은 점차 줄일 필요가 있다.

아동이 스스로 이야기를 읽을 경우에는 상황이야기 점검표 등을 제작하여 읽은 후에 읽었음을 체크하여 스스로 점검하도록 할 필요가 있다.

④ 다른 중재 방법과 연계하기

상황이야기는 이야기 형식으로 구성하여 이야기를 읽고 어려움을 느끼는 상황을 이해하고 적절한 행동을 할 수 있도록 지원하는 것을 목적으로 한다.

그러므로 이러한 이해를 촉진하기 위해 다른 중재 방법과 연계하여 보다 효과적으로 활용할 수 있는데, 예를 들어, 상황이야기를 적용하는 과정에서 짧은만화대화 방법을 더할 수도 있으며(Bock, Rogers, & Myles, 2001), 상황극을 하면서 이해를 높일 수 도 있고 상황이야기를 노래로 만들어 부른다거나(Brownell, 2002), 비디오 모델링을 활용하는 방법(Sansosti, & Powell-Smith, 2008; Scattone, 2008) 등과 같이 여러 다양한 중재 요소와 연계하여 보다 효과적으로 활용할 수 있다.

제 2장. 자폐스펙트럼장애학생의 학교생활 적응을 위한 상황이야기 : 나의 학교 이야기

1. 「자폐스펙트럼장애학생의 학교생활 적응을 위한 상황이야기」 개발의 필요성과 목적

앞서 설명한 바와 같이 자폐스펙트럼장애학생은 다양한 사회적 상황에 대한 이해 능력이 부족하며 이러한 사회적 상황 속에서 만나는 다양한 사회적 상호작용 대상자들과 적절히 상호작용하는데 어려움을 보인다.

학교는 모든 학령기의 학생들이 가장 많은 시간을 보내고 가장 많은 상호작용 대상자를 만나는 매우 중요한 사회적 공간이다. 따라서 학교에서 경험하는 다양한 상황을 이해하고, 그에 적절한 방식으로 반응할 때 사회적으로 적절한 학생으로 받아들여지곤 한다. 그러나 자폐스펙트럼장애 학생이 이러한 복잡하고 다양한 사회적 상황을 이해하고 그에 적절한 사회적 행동을 하는 것은 매우 어렵고 혼란스러운 일이다.

특별히 일반 학생들에게는 전혀 어렵지 않은 일상적인 일이라 하더라도 자폐스펙트럼장애 학생에게는 커다란 도전이 될 수 있는 일은 시시 때때로

생겨날 수 있다. 예를 들어, 알림장을 쓰고 알림장에 있는 정보에 근거해서 다음 날 수업 준비물을 챙겨야 한다거나, 쉬는 시간에 화장실을 다녀오고 다음 시간 수업을 준비하는 일은 너무도 평범하고 일상적인 일이다. 그러나 자폐스펙트럼장애학생이 그 모든 일을 이해하기에 학교라는 커다란 사회는 복잡하고 알 수 없는 일들로 가득찬 혼돈의 세계와 같을 수 있다. 더구나 매일 만나는 여러 친구들과 상호작용하는 일은 더욱 더 힘들고 도전이 되는 일일 수 있다. 예를 들어, 처음 만난 친구와 어떻게 이야기를 시작해야 하는지, 하루에도 몇 번씩이나 만나게 되는 선생님들에게 매번 인사를 해야 하는지 혹은 한번만 인사하고 그 다음에는 가볍게 목례만하고 지나가야 하는지 등과 같은 일은 일반 학생에게도 어려운 일이 될 수도 있다. 그러므로 자폐스펙트럼장애 학생에게는 이해하고 적응하기 너무도 힘든 세계이다.

학교생활 적응 지원을 위한 상황이야기는 이처럼 자폐스펙트럼장애학생들이 학교 상황에서 경험하는 다양한 사회적 상황을 장소와 시간별로 구분하여 각 상황에서는 어떻게 행동해야 하는지를 구체적이고 명시적인 이야기로 제시하였다. 또한 학교생활을 위해 필요한 친사회적 행동 중 대인관계 형성을 위해 필요한 행동 및 개인 정서 조절을 위한 행동으로 구분하여 제시하였다.

상황이야기는 글자와 그림이라는 시각적 자료로 자폐스펙트럼장애학생에게 보다 긍정적으로 활용될 수 있는 '시각적 지원'으로 사회적 상황에 대한 이해를 돕고 이를 통해 여러 다양한 상황을 예측하고 그러한 상황 속에서 실행할 수 있는 행동을 지원할 수 있도록 구성하였다.

이 책의 목적은 다음과 같다.
첫째, 장애아동들의 학교 상황에서 발생하는 문제 행동을 예방하고 바람직한 사회적 행동을 지원한다.
둘째, 학교에서 만나는 다양한 사회적 상호작용 대상자와 긍정적으로 상호작용할 수 있도록 친사회적 행동을 지원한다.

2. 「자폐스펙트럼장애학생의 학교생활 적응을 위한 상황이야기」 개발 절차와 방법

학교생활 적응을 위한 상황이야기: 나의 학교 이야기는 다음과 같은 절차로 개발되었다.

<표 3> 개발절차 및 방법

기초연구	선행연구 분석
↓	↓
	설문 기초 문항 구성
설문개발	내용타당도 검토
	설문제작
↓	↓
자료수집 및 분석	자료 수집 및 분석
↓	↓
상황 분석	상황이야기 적용이 필요한 상황 구성
↓	↓
상황이야기 개발	제 1부. 학교에서는 이런 학생이 되겠습니다.
	제 2부. 친구들과는 이렇게 지냅니다.
↓	↓
내용타당도 검토	특수교육전문가, 일반교사, 특수교사, 학부모, 학생으로 구성된 검토진에 의해 검토
↓	↓
최종 프로그램 완성	최종 프로그램 완성

1) 선행연구 분석과 설문개발

본 책에 수록된 상황이야기는 자폐스펙트럼장애 학생의 학교 생활을 지원하기 위해 개발되었다. 따라서 자료개발을 위해 먼저 선행연구를 분석하여 이론적 근거를 마련하였다.

그리고 학교 현장에서 실제로 필요한 이야기를 개발하기 위해 다양한 교육 상황에 있는 교육전문가를 대상으로 설문조사를 실시하였다.

2) 설문조사 및 결과 분석

본 자료 개발을 위한 설문은 일반교사와 특수교사, 일반학생들을 대상으로 설문조사를 실시하였으며 수집된 자료는 문항별로 분석하여 응답 빈도가 높은 내용을 선정하였다.

설문조사를 통해 분석된 결과는 〈표7〉에 제시된 바와 같다.

〈표 7〉 설문 분석 결과

하위 영역	세부 내용		분석 결과
긍정적 사회적 행동	교실 내	수업시간	수업 중 참여하기, 규칙 지키기, 준비물 갖추기
		쉬는 시간	화장실 이용하기, 친구들과 놀이하기, 수업 준비하기
		점심시간	차례 지키기, 식사 후 뒷정리 하기, 친구들과 함께 식사하기
		등하교 시간	인사하기, 교통질서 및 안전에 주의하기, 등교시간 키기
		기타	정리 정돈, 좋고 싫은 의사표현 하기, 친구들 즐겁게 해주기
	교실 외	운동장 및 강당	줄서기, 지시 따르기. 기구 다루기

하위 영역		세부 내용	분석 결과
긍정적 사회적 행동	교실 외	특별활동실	착석하기, 시설물 바르게 이용하기, 지시 따르기
		복도	바르게 걷기, 조용히 하기, 위험한 상황 피하기
		화장실	차례 지키기, 용변 후 뒷 처리 바르게 하기, 휴지 및 물의 사용 바르게 하기
		기타	놀이 기구 바르게 이용하기, 친구 배려하기, 규칙 지키기
친사회적 행동	대인관계 형성	또래들의 놀이나 대화에 참여하기	참여 의사 밝히기, 이야기 듣기, 놀잇감 나누기
		자기 차례를 기다리기	줄 서서 기다리기, 다른 행동하며 기다리기, 친구와 이야기하며 기다리기
		친구의 슬픈 마음을 위로하기	말로 위로하기, 행동으로 위로하기, 선물주기
		친구들과 놀잇감이나 물건 나누기	나누기와 관련된 말하기, 직접 물건 나누어주기, 간식 나누기
		새로운 사람에게 자기 소개하기	자기 소개하기(간단하게), 자신이 좋아하는 것 보여주거나 이야기하기, 인사하기
		협력하기	협력의도 표현하기, 책임을 다하기, 자발적으로 참여하기
	개인 정서 조절	친구로부터 소외당할 때	말로 표현하기, 주변 사람에게 도움 청하기, 친구들에게 접촉 시도하기
		화가 날 때	화난 감정 말로 표현하기, 도움 요청하기, 기분전환을 위한 활동하기
		친구가 놀릴 때	기분을 말로 표현하기, 도움 청하기, 참기
		친구가 공평하지 못할 때	친구와 대화하기, 충고하기

하위 영역		세부 내용	분석 결과
친사회적 행동	개인 정서 조절	잘못된 행동을 인정해야 할 때	말로 잘못을 인정하거나 사화하기(미안해요 등), 행동으로 사화하기, 어른이나 친구가 주의 줄 때 잘 듣기
부적절한 문제 행동	교실 내	수업시간	소란피우기, 친구 괴롭히기. 부적절한 행동하기
		쉬는 시간	공격행동 고립행동, 물건 함부로 다루기
		점심시간	절절하지 않은 양의 음식 먹기, 지저분하게 먹기, 뒷정리 하지 않음
		등하교 시간	지각 및 늦은 귀가, 교통규칙 지키기, 배회하기
		기타	책임을 다하지 않는 행동, 규칙 지키지 않음, 바닥에 눕기
	교실 외	운동장 및 강당	고립행동 및 이탈행동, 위험한 행동, 규칙 지키지 않음
		특별활동실	활동에 참여하지 않음, 시설물을 다루지 못함, 방해 행동
		복도	규칙 지키지 않음, 부적절한 행동(시비걸기, 다리걸기 등), 심하게 장난치기
		화장실	뒷정리하기, 물과 휴지의 사용, 전체적인 화장실 사용 방법을 알지 못함
		기타	다른 반 교실에 들어가기. 장소 이탈하기, 부적절한 행동

3) 상황이야기 개발

  문헌연구 및 설문조사를 통하여 작성된 중재 프로그램 구성 기준을 근거로 상황이야기의 구성 목록을 작성하였다. 학교생활 적응을 위한 상황이야기는 학교 내에서 발생할 수 있는 다양한 상황들에 대하여 구체적이고 실제적인 이야기들로 구성하였다.

상황이야기는 앞서 제시된 바와 같이 선행연구 및 기초자료 조사를 근거로 제 2부로 개발하였다.

제 1부는 긍정적인 사회적 행동에 관련한 내용으로 '교실에서는 이렇게 생활 합니다'와 '교실 외에서는 이렇게 생활 합니다'의 두개의 하위 영역으로 구성되었다. 긍정적인 사회적 행동 영역은 학교 상황을 교실 내와 교실 외의 두 가지 상황으로 크게 분류하여 구성하였다. 교실 내 상황은 교실내의 여러 가지 활동별로 세분하였다. 즉 수업시간과 쉬는 시간, 점심시간, 등하교 시간으로 분류하여 각각의 상황에서 장애아동들에게 필요한 바람직한 행동들을 제시하였다. 교실 외 영역은 학교 내의 다양한 교실 외 상황에서의 바람직한 사회적 행동들을 제시하기 위하여 운동장 및 강당, 특별활동실, 복도. 화장실 및 기타 상황으로 구분하여 구성하였다.

제 2부는 친사회적 행동에 관련한 내용들로 하위 영역은 '친구들과는 이렇게 지냅니다'와 '나와 친구들의 마음을 잘 알게 되었습니다'의 두개 영역으로 구성되었다. '친구들과 이렇게 지냅니다.'편에서는 주로 대인관계형성에 관련한 내용들로 구성되었는데, 또래들의 놀이나 대화에 참여방법이나 새로운 상황에서 자신을 소개하는 방법 등에 관련한 내용들로 구성되었다. '나와 친구들의 마음을 잘 알게 되었습니다.' 편은 개인정서 조절에 관련된 내용으로 친구들의 슬픈 마음을 위로하거나 자신의 감정과 정서 조절에 관련된 내용으로 구성되었다.

이와 같은 두 가지 대 주제를 중심으로 1, 2,부로 구성된 이야기는 주제별로, 상황별로 분류번호를 부여하여 실제 교육현장에서 적용할 경우 개별 아동들에게 적합한 내용들을 선정하여 활용할 수 있도록 하였다. 최종적으로 개발된 이야기의 주제와 상황은 〈표 〉에 제시된 바와 같다.

〈표 9〉 상황이야기 주제와 상황

대주제	상황	하위 상황
학교에서는 이런 학생이 되겠습니다.	교실에서는 이렇게 생활합니다.	수업 시간
		쉬는 시간
		점심시간

대주제	상황	하위 상황
학교에서는 이런 학생이 되겠습니다.	교실에서는 이렇게 생활합니다.	등하교시간
		학교의 여러 규칙
	교실 이외의 장소에서는 이렇게 생활합니다.	운동장 및 강당
		특별활동실
		복도
		화장실
		기타
친구들과는 이렇게 지냅니다.	친구를 사귈 때는 이렇게 합니다.	친구가 필요합니다.
		친구에게 나를 알립니다.
		친구들의 놀이에 참여합니다.
		차례를 기다립니다.
		친구들과 함께 합니다.
	나와 친구들의 마음을 잘 알게 되었습니다.	친구를 위로합니다.
		화가 나요.
		기분을 표현해요.
		친구들과는 이렇게 화해합니다.

본 책에 수록된 상황과 상황별 이야기 제목은 다음과 같다.

		제 1부. 학교에서는 이렇게 생활합니다.	
		1장. 교실에서는 이렇게 생활합니다.	
상황	분류번호	제목	
Ⅰ-1. 수업 시간	1-1-1	수업시간에 자리에 잘 앉아있습니다.	
	1-1-2	선생님께서 말씀하고 계실 때는 이렇게 합니다.	
	1-1-3	질문이 있습니다.	
	1-1-4	잘 모르겠어요. 다시 한 번 설명해주세요	
	1-1-5	준비물을 잘 준비해야 수업에 잘 참여할 수 있습니다.	
	1-1-6	우리 선생님이 나오지 못하셨어요. 다른 선생님이 우리를 가르쳐 주실 수도 있습니다.	
Ⅰ-2. 쉬는 시간	1-2-1	쉬는 시간에는 이런 일을 할 수 있습니다.	
	1-2-2	사이좋게 놀아요.	
	1-2-3	놀잇감을 친구와 함께 사용합니다.	
	1-2-4	다음 수업을 준비합니다.	
	1-2-5	다른 사람의 물건을 만질 때는 허락을 받습니다.	
	1-2-6	친구에게 '싫어'라고 이야기 할 수 있습니다.	
	1-2-7	친구에게 '그래 좋아'라고 이야기 할 수 있습니다.	
	1-2-8	친구에게 '미안해'라고 이야기 할 수 있습니다.	

제 1부. 학교에서는 이렇게 생활합니다.

1장. 교실에서는 이렇게 생활합니다.

상황	분류번호	제목
Ⅰ-2. 쉬는 시간	1-2-9	친구에게 '고마워'라고 이야기 할 수 있습니다.
	1-2-10	내 물건을 친구와 나누어 사용할 수 있습니다.
Ⅰ-3. 점심 시간	1-3-1	점심 식사를 합니다
	1-3-2	친구들과는 이렇게 식사를 합니다.
	1-3-3	친구 반찬을 먹고 싶을 때는 먼저 친구의 허락을 받아야 합니다.
	1-3-4	친구들과 같은 속도로 식사를 합니다.
	1-3-5	식사 후 뒷정리는 이렇게 합니다.
Ⅰ-4. 등·하교 시간	1-4-1	학교에 오는 시간을 잘 지켜야 합니다.
	1-4-2	몸이 아파서 먼저 집으로 돌아갈 때는 선생님의 허락을 받고 갑니다.
	1-4-3	알림장을 잘 써야 합니다.
	1-4-4	내가 사용한 교실을 청소합니다.
Ⅰ-5. 학교의 여러규칙	1-5-1	학교에는 여러 가지 규칙이 있습니다.
	1-5-2	내 물건을 잘 정리 합니다
	1-5-3	교실에 있는 여러 가지 물건을 잘 정리 합니다
	1-5-4	학급도우미입니다.
	1-5-5	자습시간입니다.

제 1부. 학교에서는 이렇게 생활합니다.

1장. 교실에서는 이렇게 생활합니다.

상황	분류번호	제목
Ⅰ-5. 학교의 여러규칙	1-5-6	교무실이나 교사 휴게실에 들어갈 때에는 선생님의 허락을 받아야 합니다.
	1-5-7	선생님과 약속한 시간에 특수학급(특별활동실)에 갑니다.

제 1부. 학교에서는 이렇게 생활합니다.

2장. 교실 이외의 장소에서는 이렇게 생활합니다.

상황	분류번호	제목
Ⅱ-1. 운동장 및 강당	2-1-1	운동장에 있는 놀이 기구는 이렇게 사용합니다.
	2-1-2	시간표와 다른 행사를 하는 날이 있습니다.
	2-1-3	조회시간입니다.
Ⅱ-2. 특별활동실	2-2-1	친구들과 음악실로 갑니다.
	2-2-2	음악실에서 악기를 연주합니다.
	2-2-3	음악실에서 다 함께 노래를 불러요.
	2-2-4	과학실에서 과학 실험을 합니다.

2장. 교실 이외의 장소에서는 이렇게 생활합니다.

상황	분류번호	제목
II-2. 특별활동실	2-2-5	강당(체육실)에는 재미있는 운동기구가 많이 있습니다.
	2-2-6	보건실에는 아플 때 가야합니다.
II-3. 복도	2-3-1	복도를 걸을 때는 오른쪽으로 걷습니다.
	2-3-2	복도에 전시된 물건은 눈으로만 구경합니다.
	2-3-3	복도에서 만난 선생님들께 인사를 합니다.
II-4. 화장실	2-4-1	한 줄로 줄을 서서 기다립니다.
	2-4-2	화장실에 들어가기 전에 화장실 문 앞에서 노크 합니다.
	2-4-3	화장실에서는 옷을 잘 입고 나옵니다.
	2-4-4	화장실에서 소변을 볼 때는 문을 잘 잠궈야 합니다.
	2-4-5	화장실에서 소변을 다 본 후에는 이렇게 해야 합니다.
II-5. 기타	2-5-1	숙제합니다.
	2-5-2	체험학습을 하러 갑니다.
	2-5-3	체육대회를 합니다.
	2-5-4	친구들과 캠핑하러 갑니다.

3장. 친구를 사귈 때는 이렇게 합니다.

상황	분류번호	제목
Ⅲ-2. 친구에게 나를 알립니다	3-2-1	내 이름을 알려주면서 나를 소개할 수 있습니다.
	3-2-2	이런 말을 나누면서 친구가 됩니다.
	3-2-3	나는 이런 친구란다.
	3-2-4	내가 좋아하는 놀이를 소개합니다.
Ⅲ-3. 친구들의 놀이에 참여합니다	3-3-1	놀이를 할 때는 친구들 곁으로 다가가요.
	3-3-2	놀이에서 역할을 정할 때, 내 생각을 이야기합니다.
	3-3-3	내 생각을 말합니다.
	3-3-4	말하는 친구의 이야기를 주의 깊게 들어야 합니다.
	3-3-5	친구와 이야기를 나눌 때는 친구의 얼굴을 보며 이야기를 합니다.
Ⅲ-4. 차례를 기다립니다.	3-4-1	줄을 서서 내 차례를 기다립니다.
	3-4-2	기다리는 동안에는 이런 일을 할 수 있습니다.
	3-4-3	모둠별로 발표하는 시간입니다. 친구들이 발표하는 내용을 잘 들으며 우리 차례를 기다립니다.

3장. 친구를 사귈 때는 이렇게 합니다.

상황	분류번호	제목
Ⅲ-5. 친구들과 함께 합니다	3-5-1	친구들과 사이좋게 놀이기구를 이용합니다.
	3-5-2	친구에게 물건을 건네줄 때는 이렇게 합니다.
	3-5-3	내가 나누어 주는 것을 친구가 거절할 수도 있습니다.
	3-5-4	친구와 간식을 나누어 먹어요.
	3-5-5	여러 가지 간식이 있을 때, 내가 먹고 싶은 것을 이야기 할 수 있습니다.
	3-5-6	내가 준비한 간식을 친구와 나누어 먹을 수 있습니다.
	3-5-7	모둠활동은 모두가 같이하는 활동입니다.
	3-5-8	친구를 응원합니다.

4장. 나와 친구들의 마음을 잘 알게 되었습니다.

상황	분류번호	제목
IV-1. 친구를 위로합니다	4-1-1	친구에게 슬픈 일이 생겼을 때는 친구에게 말을 걸어요.
	4-1-2	혼자 있어서 마음이 슬픈 친구를 위로합니다.
	4-1-3	슬픈 친구의 이야기를 들어줍니다.
	4-1-4	슬픈 친구의 어깨를 두드려 줍니다.
	4-1-5	친구가 좋아하는 놀이를 함께합니다.
	4-1-6	슬픈 친구에게 작은 선물을 줄 수 있습니다.
IV-2. 화가 나요	4-2-1	다른 사람에게 나의 기분을 알리겠습니다.
	4-2-2	화가 난 이유를 잘 생각해 봅니다.
	4-2-3	그림으로 내 기분을 표현합니다.
	4-2-4	기분이 좋지 않을 때 노래를 불러봅니다.
	4-2-5	나를 괴롭히는 아이에게는 이렇게 합니다.
	4-2-6	괴롭히는 아이들과 멀리 떨어져 지냅니다.
IV-3. 기분을 표현해요	4-3-1	친구에게 내 생각을 이야기 합니다
	4-3-2	서로의 마음을 이야기 합니다.

상황	분류번호	제목
IV-4. 화해할 때는 이렇게 합니다.	4-4-1	실수를 했을 때에는 '죄송합니다' 또는 '미안해' 라고 말할 수 있습니다.
	4-4-2	친구와 악수하면서 사이좋게 지내려합니다.

4) 상황이야기 적용

(1) 적용대상

이 책에 제시된 상황이야기는 기본적으로 초등학교에 다니는 자폐스펙트럼장애 학생을 대상으로 개발되었다. 초등학교 연령의 자폐스펙트럼장애 학생에게 가장 적합한 내용으로 구성되었으므로 초등학생의 학교생활 및 사회적 적응을 위해 적절히 활용될 수 있다.

또한 초등학교 진학을 앞두고 초등학교 전이 지원이 필요한 유아를 위한 자료로도 활용될 수 있다. 그 외 중학교에 재학 중인 학생을 위해서도 활용될 수 있으나 적용대상자의 연령 및 적용 상황에 적합하게 수정해서 적용해야 한다.

물론 초등학교 학생에게 적용하더라도 대상 학생의 전반적인 인지 능력이나 언어 이해 능력에 따라 적절히 수정해서 활용해야 한다.

그 외 지적장애 및 발달지체 유아, 언어장애아동에게도 적용할 수 있다.

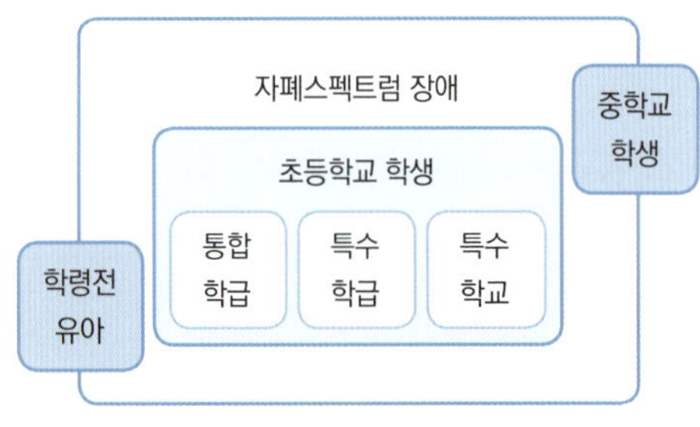

[그림] 상황이야기 적용대상

(2) 적용 장소

본 책에 제시된 상황이야기를 개별아동에게 적용할 경우, 앞서 제시한 바와 같이 조용하고 편안한 장소에서 이야기를 읽도록 하는 것이 가장 효과적이다.

학교 : 조용한 도서 영역 및 학생의 개별 책상 등

가정 : 학생이 편안함을 느끼는 장소

(3) 빈도 및 시간

이야기를 읽는 빈도와 시간은 개별 학생의 요구에 따라 달라질 수 있으나 대개 주 3회 이상 하루 최소 1회 이상 읽도록 하는 것이 바람직하다.

(4) 적용 시 고려할 점

- 본 책에 제시된 이야기는 자폐스펙트럼장애 학생의 보편적 특성을 반영하여 개발하였다. 따라서 개별학생에게 적용할 경우 학생의 개별적 요구에 적합하게 수정해서 적용해야 한다.
- 처음 상황이야기를 적용하는 경우 개별학생에게 가장 우선적으로 필요한 상황에 대하여 우선순위를 정한 후 한번에 한 가지 이야기를 읽도록 하는 것이 가장 바람직하다.
  이후 점차 한가지 이야기에 익숙해지면 다음 이야기로 이야기를 확대할 필요가 있다.
- 이야기를 소개할 때는 편안하고 긍정적인 태도로 소개해야 한다.
- 처음 이야기를 적용하는 단계에서는 교사나 부모와 같은 성인이 대상 학생과 나란히 앉아서 읽을 수 있다. 이후 점차 학생이 스스로 읽을 수 있게 되면 부모나 교사의 개입을 최소화하여 스스로 읽을 수 있도록 지도한다. 이때 상황이야기 점검표 등을 활용하여 스스로 관리하도록 할 수 있다.
- 이야기를 읽을 때 이해를 돕기 위해 이야기책에 제시된 그림자료를 활용할 수도 있으며 아동과 성인(교사 또는 부모)이 짧은 만화 대화와 같은 그림을 그리면서 이야기를 읽을 수도 있다.
- 이야기 내용을 중심으로 역할극을 실행하여 이야기 속의 상황을 보다 잘 이해하고 실행할 수 있도록 지원할 수 있다.
- 본 책 안에 포함된 흑백 그림 자료를 활용하여 자신과 다른 사람의 감정을 색깔로 표시하면서 이야기 내용을 이해하도록 도울 수 있다.
- 대상 학생의 선호도에 따라 테블릿 피씨를 활용할 수도 있으며 작은 책 형태로 제작하여 학생의 흥미를 유발할 수 있다.

참고문헌

- 강영일, 전혜인. (2012). 자폐성장애아동에 대한 상황이야기 중재 국내연구의 동향. 정서·행동장애연구, 28 (3), 171-192.
- 김경민, 이숙향. (2012). 가정과 학교의 협력을 통한 멀티미디어 상황이야기 중재가 자폐 아동의 문제행동과 수업참여행동에 미치는 영향. 특수교육, 11(2), 27-54.
- 김미영, 이소현, 최윤희. (2006). 통합 환경에서의 상황이야기 중재가 자폐성 장애를 지닌 유아와 일반 유아의 사회적 상호작용에 미치는 영향. 유아특수교육연구, 6, 85-107.
- 김완숙, 방명애(2014). 자폐성 장애 아동을 위한 사회적 상황이야기 중재를 활용한 국내외 실험연구 분석, 자폐성장애연구, 14(1), 47-73.
- 김해선, 김은경, 전상신(2016). 상황이야기 중재가 자폐성 장애 아동의 자발적인 발화에 미치는 효과, 특수교육저널: 이론과 실천, 17(3), 283-312.
- 방명애, 박현옥, 김은경, 이효정(2018). 자폐성 장애학생 교육, 서울 : 학지사.
- 박현옥. (2006). 상황이야기 중재가 통합된 장애유아의 사회적 능력 및 비장애유아의 또래 수용도에 미치는 효과. 유아특수교육연구, 6, 65-82.
- 박현옥(2007). 장애아동의 발달단계와 교육과정에 근거한 상황이야기 개발 및 적용 효과 검증 : 일반교육 프로그램에 통합된 장애아동의 사회적 적응 지원을 중심으로, 정서·행동장애연구, 23(3), 75-102.
- 박현옥. (2008). 마음 이해 능력에서의 개인차 관련 요인에 대한 선행연구 고찰. 자폐성장애연구, 8(1), 155-173.
- 박현옥(2011). 자폐성 장애 아동을 위한 마음이해 향상 프로그램, 서울 : 학지사.
- 박현옥, 이소현. (2010). 마음이해 향상 프로그램이 자폐성 장애 아동의 정서-믿음 과제 수행 및 심리적 상태 관련 표현 어휘와 사회성에 미치는 효과. 특수교육학연구, 45(3), 73-99.
- 박현옥, 장지연, 김은주. (2017). 자폐성 장애 학생의 제한된 특별한 관심을 활용한 선호도와 강점 중심의 교육모델 개발. 자폐성장애연구, 17(1), 21-45.
- 전상신, 김은경. (2009). 상황이야기 중재자 자폐성 장애 아동의 자발적 발화에 미치는 효과. 특수교육학연구, 44(1), 149-173.

- Brownell, M. D. (2002). Musically adapted social stories to modify behaviors in students with autism : Four case studies. Journal of music therapy, 39(2), 117-144.
- Bock, M., Rogers, M. F., & Myles, B. S. (2001). Using social stories and comic strip conversations to interpret social situations for an adolescent with Asperger syndrome. Intervention in School and Clinic, 36(5), 310-313.
- Gray, C. (1994). Comic strip conversations : Colorful, illustrated interactions with students with autism and related disorders. Jenison, MI : Jenison Public Schools.
- Gray, C. (2015). The New Social Story Book, Revised and Expanded 15th Anniversary Edition : Over 150 Social Stories that Teach Everyday Social Skills to Children and Adults with Autism and their Peers, Arlington, TX : Future Horizons.
- Sansosti, F. J., & Powell-Smith, K. A. (2008). Using computer-presented social stories and video models to increase the social communication skills of children with high-functioning autism spectrum disorders. Journal of Positive Behavior Interventions, 10(3), 162-178.
- Scattone, D. (2008). Enhancing the conversation skills of a boy with Asperger's disorder through Social Stories™ and video modeling. Journal of Autism and Developmental Disorders, 38(2), 395-400.

학교에서는 이런 학생이 되겠습니다

1장. 교실에서는 이렇게 생활합니다.

2장. 교실 이외의 장소에서는 이렇게 생활합니다.

Ⅰ-1. 수업시간

· 수업시간에 자리에 잘 앉아있습니다.

· 선생님께서 말씀하고 계실 때는 이렇게 합니다.

· 질문이 있습니다.

· 잘 모르겠어요. 다시 한 번 설명해주세요.

· 준비물을 잘 준비해야 수업에 잘 참여할 수 있습
  니다.

· 우리 선생님이 나오지 못하셨어요. 다른 선생님이
  우리를 가르쳐 주실 수도 있습니다.

Ⅰ-2. 쉬는시간

· 쉬는 시간에는 이런 일을 할 수 있습니다.

· 사이좋게 놀아요.

· 놀잇감을 친구와 함께 사용합니다.

· 다음 수업을 준비합니다.

· 다른 사람의 물건을 만질 때는 허락을 받습니다.

· 친구에게 '싫어'라고 이야기 할 수 있습니다.

· 친구에게 '그래 좋아'라고 이야기 할 수 있습니다.

· 친구에게 '미안해'라고 이야기 할 수 있습니다.

· 친구에게 '고마워'라고 이야기 할 수 있습니다.

· 내 물건을 친구와 나누어 사용할 수 있습니다.

Ⅰ-3. 점심시간에는

· 점심 식사를 합니다.

· 친구들과는 이렇게 식사를 합니다.

· 친구 반찬을 먹고 싶을 때는 먼저 친구의 허락을
  받아야 합니다.

· 친구들과 같은 속도록 식사를 합니다.

· 식사 후 뒷정리는 이렇게 합니다.

Ⅰ-4. 등 · 하교시간

· 학교에 오는 시간을 잘 지켜야 합니다.

· 몸이 아파서 먼저 집으로 돌아갈 때는 선생님의
  허락을 받고 갑니다.

· 알림장을 잘 써야 합니다.

· 내가 사용한 교실을 청소합니다.

Ⅰ-5. 학교의 여러가지 규칙

· 학교에는 여러 가지 규칙이 있습니다.

· 내 물건을 잘 정리 합니다.

· 교실에 있는 여러 가지 물건을 잘 정리 합니다

· 학급도우미입니다.

· 자습시간입니다.

· 교무실이나 교사 휴게실에 들어갈 때에는 선생
  님의 허락을 받아야 합니다.

· 선생님과 약속한 시간에 특수학급(특별활동실)에
  갑니다.

Ⅱ-1. 운동장 및 강당

· 운동장에 있는 놀이 기구는 이렇게 사용합니다.

· 시간표와 다른 행사를 하는 날이 있습니다.

· 조회시간입니다.

Ⅱ-2. 특별활동실

· 친구들과 음악실로 갑니다.

· 음악실에서 악기를 연주합니다.

· 음악실에서 다 함께 노래를 불러요.

· 과학실에서 과학 실험을 합니다.

· 강당(체육실)에는 재미있는 운동기구가 많이
  있습니다.

· 보건실에는 아플 때 가야합니다.

Ⅱ-3. 복도

· 복도를 걸을 때는 오른쪽으로 걸습니다.

· 복도에 전시된 물건은 눈으로만 구경합니다.

· 복도에서 만난 선생님들께 인사를 합니다.

Ⅱ-4. 화장실

· 한 줄로 줄을 서서 기다립니다.

· 화장실에 들어가기 전에 화장실 문 앞에서 노크
  합니다.

· 화장실에서는 옷을 잘 입고 나옵니다.

· 화장실에서 소변을 볼 때는 문을 잘 잠가야 합니다.

· 화장실에서 소변을 다 본 후에는 이렇게 해야
  합니다.

Ⅱ-5. 기타

· 숙제합니다.

· 체험학습을 하러 갑니다.

· 체육대회를 합니다.

· 친구들과 캠핑하러 갑니다.

· 문구점에서 필요한 준비물을 삽니다.

· 친구들과 예방접종을 합니다.

1-1-1. 수업시간에 자리에 잘 앉아 있습니다.

수업시간입니다.

친구들은 수업 시간에 자기 의자에 잘 앉아있습니다.

선생님께서 수업을 하시는 동안에는 선생님 말씀에 귀를 기울여 수업 내용을 잘 들어야 합니다.

때로는 우리 학생들이 토론을 하거나 발표를 할 수도 있습니다.

발표하고 싶을 때는 손을 머리 위로 잘 들어서 내가 발표하고 싶다는 생각을 전해야 합니다. 그리고 내 차례를 기다려야 합니다.

토론을 하는 동안에는 토론하는 친구들의 생각을 잘 듣고 내 생각도 이야기 합니다.

나는 수업 시간에 자리에 잘 앉아 있을 수 있습니다.

그리고 수업 활동에 잘 참여할 수 있습니다.

1-1-2. 선생님께서 말씀하고 계실 때는 이렇게 합니다.

선생님께서 수업하고 계시는 동안 나는 조용히 선생님 말씀을 들으려고 합니다.

혹시 선생님께 질문하고 싶거나 선생님의 질문에 대답을 하고 싶다면, 손을 높이 들어서 발표하고 싶다는 생각을 표현해야 합니다.

그리고 선생님께서 내 이름을 부르실 때까지 기다립니다.

발표시간에 선생님께서는 다른 친구의 이름을 불러서 대답하도록 하실 수도 있습니다.

그러면 내 차례가 올 때 까지 기다릴 수 있습니다.

나는 선생님께서 말씀하고 계시는 동안 조용히 앉아서 선생님 말씀을 잘 듣겠습니다.

그리고 내가 이야기를 하고 싶을 때에는 조용히 손을 들고 선생님께서 내 이름을 불러주실 때까지 기다리겠습니다.

1-1-3. 질문이 있습니다.

선생님과 수업을 하는 경우 때로는 궁금한 것이 있습니다.

이럴 때는 선생님께 질문을 합니다.

선생님께 질문을 하고 싶을 때에는 먼저 손을 들고 기다립니다.

그러면 선생님께서는 내가 질문이 있다는 것을 알게 되십니다.

선생님께서 내 이름을 불러주시면, 궁금한 것을 질문합니다.

내가 궁금한 것을 질문하면 선생님이나 친구들이 내 질문에 답을 해 줄 수 있습니다.

다른 친구들도 나와 같이 질문이 있을 수 있습니다.

때로는 선생님께서 다른 친구의 이름을 부르실 수도 있습니다.

그럴 때 나는 조용히 기다립니다.

수업시간에 궁금한 것이 있을 때, 나는 선생님께 손을 들어 내 차례가 되면 질문하겠습니다.

I-I-4. 잘 모르겠어요. 다시 한 번 설명해 주세요.

나는 수업 시간에 선생님께서 하시는 말씀을 잘 이해하지 못할 때가 있습니다.

다른 친구들도 나와 같이 잘 이해하지 못하는 내용이 있습니다.

그럴 때 나는 선생님께 '선생님, 지금 가르쳐 주신 내용이 잘 이해되지 않아요.

다시 한 번 설명해주시겠어요?'라고 요청드릴 수 있습니다.

그러면 선생님께서는 더욱 더 이해하기 쉽게 차근차근 설명해주신답니다.

선생님의 설명을 다시 들으면 더욱 잘 이해할 수 있습니다.

나는 선생님께서 가르쳐 주시는 내용이 잘 이해되지 않을 때, 선생님께 "다시 설명해주세요"라고 말씀드릴 수 있습니다.

1-1-5. 준비물을 잘 준비해야 수업에 잘 참여할 수 있습니다.

수업시간에는 미리 준비해야 하는 준비물이 있습니다.

준비물이란 수업을 잘 하기 위해 필요한 물건이나 학교생활을 위해 필요한 물건입니다.

예를 들어 미술시간에 크레파스나 물감이 필요하겠지요.

그런 것이 준비물이 될 수 있습니다.

선생님께서는 우리에게 필요한 준비물이 무엇인지 미리 알려주십니다.

대개 알림장이나 가정통신문을 통해 알려주십니다.

친구들은 준비물을 잘 준비해옵니다.

나도 선생님께서 말씀해주신 준비물을 잘 가져옵니다.

수업 시간에 우리는 우리가 가져온 준비물을 이용하여 여러 가지 활동을 합니다.

준비물을 잘 가져오면 친구들과 함께 하는 모둠 활동도 더욱 재미 있습니다.

만들기 시간에는 준비물이 있어야 만들기를 잘 할 수 있습니다.

준비물을 가져오지 못했을 경우에는 친구들에게 빌려서 사용할 수도 있습니다.

그렇지만 매번 준비물을 가져오지 않으면 친구들이 불편해합니다. 그러므로 나는 준비물을 잘 챙기도록 노력해야 합니다.

나는 준비물을 잘 준비해서 수업에 잘 참여합니다.

알림장

1-1-6. 우리 선생님이 나오지 못하셨어요. 다른 선생님이 우리를 가르쳐주실 수도 있습니다.

아주 가끔은 우리 담임 선생님께서 학교에 못 오실 수 있습니다.

선생님께서는 우리를 더 잘 가르치시려고 공부를 하러 가실 수도 있습니다.

어떤 때는 선생님께서 몸이 아파서 학교에 못 오실 수도 있습니다.

이럴 때 다른 선생님께서 우리를 가르쳐 주십니다.

다른 선생님도 우리를 잘 이끌어주십니다.

우리 선생님께서 학교에 못 오시는 날,

다른 선생님께서 우리와 함께 수업하실 수 있습니다.

친구들은 다른 선생님께서 우리의 수업을 이끌어주셔도 우리 선생님께 하는 것과 같이 인사도 잘하고 선생님의 말씀에 따라

열심히 수업에 잘 참여합니다.

나는 우리반 담임 선생님이 아닌 다른 선생님께서 수업을 이끌어주시더라도 수업활동에 잘 참여할 수 있습니다.

1-2-1. 쉬는 시간에는 이런 일을 할 수 있습니다.

학교에서 점심 식사를 한 후에는 조금 긴 쉬는 시간을 갖을 수 있습니다.

그럴 때 우리는 운동장에 나가 놀 수도 있습니다.

운동장에서는 걷을 수도 있고, 달리기를 할 수도 있습니다.

운동장에서는 큰 소리로 이야기를 할 수도 있습니다.

놀이기구를 타거나 다른 놀이를 할 수도 있습니다.

운동장에는 미끄럼틀, 정글짐, 그네 등과 같이 여러 가지 놀이기구가 있습니다.

때로는 친구들과 게임을 할 수도 있습니다.

야구나 축구를 할 수도 있습니다.

쉬는 시간에 재미있게 잘 놀고 나면 기분이 좋아지고 몸도 튼튼해 지는 기분이 듭니다.

쉬는 시간은 재미있고 즐겁습니다.

나는 쉬는 시간에 친구들과 재미있는 놀이를 할 수 있습니다.

1-2-2. 사이좋게 놀아요.

쉬는 시간에는 여러 가지 놀이를 할 수 있습니다.

친구들과 게임을 할 수도 있습니다.

게임 중에는 보다 잘 하는 친구를 칭찬해주는 경우도 있습니다.

어떤 때는 친구가 나보다 잘 할 수도 있습니다.

친구가 이길 때에는 친구에게 칭찬을 해 주거나 박수를 쳐 줄 수 있습니다.

물론 내가 더 잘할 수도 있겠지요. 그러면 친구들이 나를 칭찬해줄 수 있습니다.

게임을 마친 후 한 번 더 하고 싶으면, 친구에게 '우리 한번 더 해 볼까?'라고 말할 수 있습니다.

친구가 '좋아'라고 할 경우에는 게임을 다시 할 수 있습니다.

친구가 '아니, 이제 됐어. 수업 시간이 다가오잖아.'라고 하면 아쉽지만 '그래. 알았어.'라고 말할 수 있습니다.

친구들과 노는 것은 참 재미있습니다.

나는 친구들과 쉬는 시간에 사이좋게 여러 가지 놀이를 할 수 있습니다.

1-2-3. 놀잇감을 친구와 함께 사용합니다.

우리들은 놀잇감을 가지고 재미있게 놀이를 합니다.

놀잇감을 가지고 놀 때 놀이가 더욱 재미있을 수 있습니다.

놀잇감을 친구들과 함께 사용한다면 더욱 재미있습니다.

나는 친구들에게 '같이 놀자'라고 말하면서 친구에게 놀잇감을 나누어 줄 수 있습니다.

친구와 같이 놀고 싶으면, 친구에게 '우리 같이 놀자' 고 말합니다.

그리고 '나 이것 가지고 놀아도 돼?'라고 물어보고 친구의 허락을 받은 후 친구의 놀잇감을 사용합니다.

친구들과 놀잇감을 함께 가지고 노는 것은 매우 재미있습니다.

나는 놀잇감을 친구와 함께 사용하겠습니다.

1-2-4. 다음 수업을 준비합니다.

쉬는 시간은 다음 수업을 위한 준비 시간이기도 합니다.

쉬는 시간에 화장실에 다녀오거나 친구들과 간단한 놀이를 할 수 있습니다.

그리고 다음 시간에 필요한 책과 공책, 연필을 준비해 놓을 수 있습니다.

다음 시간이 미술 시간이라면 미술 준비물을 준비해 놓아야 합니다.

쉬는 시간에 다음 수업 준비를 해 놓아야 수업에 잘 참여할 수 있습니다.

때로는 음악실로 옮겨야 하거나 운동장으로 이동해야 합니다.

이처럼 수업하는 장소를 옮겨야 하는 경우, 쉬는 시간 동안 친구들과 같이 수업 장소로 이동해야 합니다.

나는 쉬는 시간에 다음 수업을 준비할 수 있습니다.

숙제

I-2-5. 다른 사람의 물건을 만질 때는 허락을 받습니다.

교실은 우리 선생님과 내 친구들이 다 함께 지내는 곳입니다.

교실 안에는 내 물건도 있고 여러 친구들이 같이 사용하는 물건도 있습니다.

그리고 친구들의 개인 물건도 있습니다.

책이나 공책, 연필과 크레파스 등은 각각 주인이 있습니다.

선생님 책상에는 물론 선생님 물건이 있습니다.

선생님 물건은 신기하고 만져보고 싶은 것들이 많이 있습니다.

그렇지만 내가 선생님 물건을 허락 없이 함부로 만지거나 가지고 오면 선생님께서 당황하시게 됩니다.

왜냐하면 선생님 물건은 우리를 가르쳐 주시기 위하여 필요한 것이기 때문입니다.

또, 친구들 물건을 만지고 싶을 때에도 친구의 허락을 받은 후에 만져볼 수 있습니다.

이처럼 친구들 물건이나 선생님 물건을 만지고 싶을 때는 '만져도 되요?'혹은 '만져도 되니?'라고 허락을 받은 후에 만져봅니다.

나는 다른 사람의 물건을 만지거나 사용할 때는 먼저 물건 주인의 허락을 받은 후에 사용하겠습니다.

I-2-6. 친구에게 '싫어.' 라고 이야기 할 수 있습니다.

학교에서 가끔 내가 하기 싫은 일을 해야 할 때가 있습니다.

모든 친구들은 청소와 같이 조금 하기 싫은 일이 있더라도 모두가 함께 해야 하는 일이기 때문에 즐거운 마음으로 함께 청소를 합니다.

그러나 어떤 때는 내가 할 수 없는 일을 하도록 하거나 내가 정말 하기 싫어하는 일을 하도록 할 때가 있습니다. 그럴 때는 친구들에게 '나는 이 일을 하기 싫어.'라고 이야기 할 수 있습니다.

친구들에게 '싫어'라고 이야기할 수 있어야 친구들이 내 마음을 알게 됩니다.

'싫어'라고 이야기 하지 않고 있다가 갑자기 화를 내거나 친구들을 때리는 것은 내 생각을 알리는 방법이 아닙니다.

나는 내가 하기 싫거나 할 수 없는 일이 있을 때 친구들에게 '싫어, 지금은 하고 싶지 않아'라고 이야기 할 수 있습니다.

싫어!

1-2-7. 친구에게 '그래 좋아.'라고 이야기 할 수 있습니다.

학교에서는 친구들과 함께 해야 하는 일들이 많이 있습니다.

친구들이 나에게 '청소를 같이 하자' 또는 '과제를 같이하자', '심부름을 같이하자' 등의 이야기를 할 수 있습니다.

그럴 때 나는 대부분 '그래, 좋아'라고 이야기 하고 친구들과 함께 할 수 있습니다.

친구들과 함께 일을 하게 되면 친구들이 나에게 고마워합니다.

어떤 일을 함께 하다보면 그 친구와 더욱 사이좋은 친구가 되기도 합니다.

나는 친구에게 '그래, 좋아'라고 말할 수 있습니다.

I-2-8. 친구에게 '미안해' 라고 말할 수 있습니다.

나는 친구와 사이좋게 지냅니다.

그렇지만 가끔은 친구를 불편하게 하는 일이 생길 수도 있습니다.

예를 들어, 교실에서 실수로 친구 물건을 떨어뜨릴 수도 있습니다.

복도에서 지나가다가 친구와 부딪칠 수도 있습니다.

그럴 때 나는 친구에게 '미안해'라고 말할 수 있습니다.

내가 '미안해'라고 말하면 친구의 기분이 좋아질 수 있습니다.

그리고 우리는 다시 친한 친구가 됩니다.

물론, 친구가 나에게 실수를 할 때도 있겠지요. 그럴 때에는 친구가 나에게 '미안하다'고 할 수 있습니다.

그러면 나도 친구에게 '괜찮아'라고 말하지요.

나는 친구에게 '미안해'라고 말할 수 있습니다.

I-2-9. 친구에게 '고마워'라고 말할 수 있습니다.

나는 친구와 더 가까이 지내고 싶습니다.

그러기 위하여 친구와 나는 서로를 기분 좋게 해주어야 합니다.

친구들은 나에게 여러 가지를 나누어 주어서 나를 기분 좋게 해 주지요.

누군가 나를 기분 좋게 하면 나는 '고마워'라고 말합니다.

내가 '고마워'라고 말하면 친구의 기분이 좋아진답니다.

때때로 내가 친구를 도와줄 수도 있습니다.

그러면 친구가 나에게 '고마워.'라고 말하겠지요. 그러면 내 기분도 좋아집니다.

이처럼 친구 끼리 서로 도움을 주고받을 때에는 서로 '고마워.'라고 말할 수 있습니다.

나는 친구에게 '고마워.'라고 말할 수 있습니다.

1-2-10. 내 물건을 친구와 나누어 사용할 수 있습니다.

나는 친구와 내 물건을 나누어 쓸 수 있습니다.
때로는 친구가 나에게 물건을 나누어 줄 수도 있습니다.
나누는 것은 참 좋은 생각입니다.

내가 물건을 나누어 줄 때, 우리는 친해질 수 있습니다.
친구가 준비물을 가져오지 않았을 때,
나는 친구에게 색종이나 연필과 같은 준비물을 빌려주거나 그냥 줄 수 있습니다.

다른 친구에게 내 물건을 나누어주는 것은 친구를 기쁘게 해 주는 일입니다.
내 물건을 나누어 주어 친구가 기뻐하는 것을 보면 나도 기쁘답니다.

나는 친구와 내 물건을 나누어 사용할 수 있습니다.

1-3-1. 점심 식사를 합니다.

점심시간이 되면 나는 친구들과 함께 급식실로 갑니다.

급식실에 가는 동안에는 차례를 지키면서 조용히 걸어갑니다.

때로는 친구들과 작은 소리로 이야기를 나누며 갈 수도 있답니다. 급식실에 도착하면 줄을 서서 기다립니다.

식사는 줄을 선 차례대로 받게 됩니다.

줄을 서서 음식을 기다릴 때, 때로는 내 앞에 서 있는 친구들이 많아서 지루할 수도 있습니다.

기다리는 일이 너무 지루하다면, 친구들과 작은 소리로 재미있는 이야기를 할 수도 있습니다.

내 차례가 되어 음식을 받을 때 음식의 양이 너무 많다면 '조금만 주세요.'라고 말합니다.

음식을 받은 후에는 친구들이 있는 자리에 가서 친구들과 즐겁게 점심 식사를 합니다.

나는 친구들과 즐거운 점심식사를 합니다.

I-3-2. 친구들과는 이렇게 식사를 합니다.

점심시간에는 대개 친구들과 모여서 음식을 먹을 수 있습니다.

물론 혼자서 먹을 수도 있습니다.

친구들과 모여서 점심을 먹을 때는 서로 여러 가지 이야기를 나누기도 합니다.

식사 시간에 이야기를 할 때에는 내 입에 있는 음식이 다른 친구들에게 튀지 않도록 조심해야 합니다.

먹으면서 말해야 한다면 손으로 입을 가리며 이야기를 할 수 있습니다.

또한 식사시간에는 반찬을 골고루 잘 먹어서 건강한 학생이 되도록 노력해야 합니다.

나는 점심시간에 친구들과 즐겁고 맛있는 식사를 합니다.

I-3-3. 친구의 반찬을 먹고 싶을 때는 먼저 허락을 받아야 합니다.

점심시간에는 여러 친구들과 함께 모여 식사를 합니다.

그런데 아주 가끔은 친구 반찬을 먹고 싶을 수도 있습니다.

그렇다면 친구에게 '나 이거 먹어도 돼?' 라고 물어보아야 합니다.

친구가 '그래.'라고 대답을 하면 친구의 반찬을 조금 가져와서 먹을 수 있습니다.

친구의 반찬을 먹을 때 허락을 받는 것은 예절 바른 행동입니다. 그렇게 하면 친구의 기분이 좋아집니다.

나는 친구의 반찬을 먹고 싶을 때, 친구의 허락을 받은 후에 먹으려 합니다.

1-3-4. 친구들과 같은 속도로 식사를 합니다.

친구들과 함께 하는 식사 시간은 즐거운 시간입니다.

친구들과 식사를 할 때는 친구들이 먹는 속도에 맞추어 같이 먹기 시작하고 같이 마치려고 노력해야 합니다.

나 혼자 너무 빨리 먹으면 심심해져서 다른 친구들의 음식을 먹고 싶기도 하고 돌아다니고 싶기도 합니다.

친구들과 비슷한 속도로 먹어야 다른 친구들과 재미있게 식사를 할 수 있습니다.

나는 점심시간에는 친구들이 먹는 속도와 비슷한 속도로 식사를 합니다.

1-3-5. 식사 후 뒷정리는 이렇게 합니다.

맛있는 점심 식사를 한 후 내 식판에 남은 음식이 있다면 남은 음식을 한 곳으로 모은 후 남은 음식을 버리는 커다란 통에 버립니다.

다음에는 수저를 두는 곳에 수저를 담습니다.

식판은 식판을 정리하는 곳에 내려놓아야 합니다.

식판을 내려놓을 때에는 그릇이 떨어지거나 넘어지지 않도록 살살 놓아야 합니다.

식사를 마친 후 내가 먹은 식판을 잘 정리하는 것은 예절 바른 행동입니다.

나는 식사를 마친 후 뒷정리를 잘 합니다.

1-4-1. 학교에 오는 시간을 잘 지켜야 합니다.

우리 학교의 등교 시간은 8시 30분입니다.

그러므로 나는 8시 30분 전에 학교에 등교합니다.

친구들도 8시 30분 전에 도착해서 하루 수업을 준비 합니다.

정해진 시간에 맞추어 등교하려면 아침 일찍 일어나 시계를 보며 시간에 맞추어 준비해야 합니다.

학교의 하루는 우리가 학교에 도착해야 하는 시간부터 시작됩니다.

만일 학교에 늦게 도착하여 지각하게 된다면 다음과 같은 일이 일어납니다.

예를 들어, 친구들이나 선생님이 수업을 하다가 지각하는 나를 바라보는 동안 자리에 가서 앉아야 하므로 부끄러워지지요.

그리고 이미 수업을 하게 되어 선생님께서 가르쳐 주시는 것을 잘 배우지 못할 수도 있습니다.

그러므로 학교에 오는 시간을 잘 지켜야 합니다.

나는 선생님께서 정해주신 등교 시간에 맞추어 학교에 도착합니다.

○○초등학교
○○초등학교

1-4-2. 몸이 아파서 먼저 집으로 돌아갈 때는 선생님의 허락을 받고 갑니다.

대부분의 친구들은 모든 수업이 끝나고 우리 교실을 정리한 후에 집으로 갑니다.

그런데, 아주 가끔씩 몸이 아파서 수업을 다 마치지 못하고 집으로 가는 친구들도 있습니다.

그럴 때는 선생님께 허락을 받아야 합니다.

먼저 '선생님, 제가 너무 아파서 교실에 앉아있을 수가 없어요.'라고 말씀드려야 합니다.

그리고. 선생님께서 '그래, 가도 괜찮아.'라고 말씀하시면 집으로 돌아갈 수 있습니다.

이렇게 선생님께 잘 말씀드려야 선생님께서는 내가 집으로 갔다는 것을 알게 되십니다.

말씀드리지 않고 그냥 집으로 돌아가면 선생님께서는 내가 어디 있는지 몰라 많이 걱정하십니다.

나는 몸이 아파서 일찍 집으로 가야 한다면, 선생님께 반드시 허락을 받은 후에 가겠습니다.

1-4-3. 알림장을 잘 써야 합니다.

수업을 마친 후 선생님께서는 알림장에 써야 할 내용들을 알려주십니다.
알림장은 오늘 집에 가서 해야 할 숙제와 내일 준비해 와야 하는 준비물을 알려주는 것입니다.

만일 내가 글을 잘 쓰지 못해서 알림장을 쓰지 못하면 친구들이나 선생님께 도와달라고 합니다.
그리고 집으로 돌아가서 알림장을 부모님께 보여드려야 합니다.

나는 알림장을 보며 숙제도 하고 준비물도 챙겨옵니다.

1-4-4. 내가 사용한 교실을 청소합니다.

우리 교실은 우리 반 친구들 모두가 사용하는 공간입니다.
우리 반 교실은 친구들 모두가 힘을 모아 깨끗이 해야 합니다.
교실을 깨끗이 사용해야 우리 몸도 건강해지고 공부하기도 즐겁답니다.

우리가 사용한 교실을 청소하는 일은 때로는 힘이 들 수 있습니다.
그러므로 여러 친구들이 힘을 합해서 같이 해야 하는 공동의 일이랍니다.
친구들이 모두 힘을 모아 열심히 청소를 하게 되면 우리 교실은 깨끗한 교실이 됩니다.
그러면 우리 모두 기분이 상쾌해집니다.

나는 내 친구들과 힘을 모아 내 교실을 깨끗이 청소합니다.

I-5-I. 학교에는 여러 가지 규칙이 있습니다.

학교에는 여러 가지 규칙이 있습니다.

선생님께서는 여러 가지 규칙을 우리에게 알려주십니다.

그런데 나는 선생님께서 예전에 말씀해 주셨던 규칙을 잊어버려서 지키지 못할 수도 있습니다.

그럴 때는 내가 지켜야 하는 규칙이 무엇인지 다시 한번 알려달라고 선생님께 말씀드릴 수 있습니다.

아니면 내가 기억할 수 있도록 그림을 그리거나 수첩에 메모를 해 둘 수도 있습니다.

학교에서 지켜야 하는 규칙은 대개 다음과 같습니다.

'체육시간에는 체육복을 입어야 합니다.'

'학교에는 8시 30분까지 와야 합니다.'

'화장실은 쉬는 시간에 가야합니다'

'일기는 매일 씁니다.'

나는 이런 여러 가지 규칙들을 잘 지키기 위해 노력합니다.

여자화장실

1-5-2. 내 물건을 잘 정리 합니다

나는 학교에 과 공책, 필통과 같은 여러 가지 물건을 가지고 다닙니다.

나는 내 물건을 잘 챙기고 정리할 수 있습니다.

내가 내 물건을 정리하고 챙겨야 내 물건을 잘 지킬 수 있습니다.

수업 시간에 잘 참여하기 위해서 수업에 필요한 물건도 잘 정리해 두어야 하지요.

가끔 내 물건을 잃어버리면 친구들에게 빌려서 사용할 수도 있습니다.

그렇지만 너무 자주 잃어버려서 친구들에게 자주 빌리게 되면 친구들이 불편해 합니다.

그러므로 나는 내 물건을 잘 정리해야 합니다.

나는 내 책과 공책, 필통과 그 이외의 여러 가지 물건들을 잘 정리 할 수 있습니다.

논
꽃

1-5-3. 교실에 있는 여러 가지 물건을 잘 정리합니다.

교실에는 여러 가지 물건이 있습니다.
교실에 있는 물건들은 여러 친구들이 모두 사용하는 것입니다.

친구들과 사용하는 물건도 우리처럼 각자 자기의 자리가 있습니다.
책은 책의 자리가 있고 크레파스나 물감도 각자의 자리가 있답니다.
그러므로 도서 영역이 자기 자리인 동화책을 다 읽은 후에는 다시 도서 영역에 가져다 두어야 하지요.
물감이나 크레파스를 사용한 후에도 물감과 크레파스의 자리에 다시 가져다 두어야 합니다.
교실에 있는 물건을 사용한 후 잘 정리해 두어야 다음에 필요할 때에도 잘 찾아 사용할 수 있습니다.
그래야 친구들도 편안하고 즐겁게 필요한 물건을 잘 찾아서 사용할 수 있습니다.

나는 교실에 있는 물건들을 사용한 후 제자리에 놓을 수 있습니다.

1-5-4. 학급도우미입니다.

나는 우리 반의 학급도우미입니다.

학급도우미는 우리 반에서 일어나는 여러 가지 일들 중 한 가지를 맡아 합니다.

대개 1인 1역을 하게 됩니다. 즉, 한 학생이 하나의 역할을 맡아서 그 역할을 하는 것이지요.

예를 들어, 내가 독서도우미가 된다면 나는 우리 학급의 학급문고를 관리하고,

우리 반 친구들의 독후감을 홈페이지에 올리는 역할을 할 수 있습니다.

그 외에도 우리 반에서 할 수 있는 학급도우미 역할은 매우 많이 있습니다.

어떤 친구는 선생님을 도와 학급 홈페이지를 관리할 수도 있습니다.

또 다른 친구는 아픈 친구를 돌보는 역할을 할 수도 있지요.

학급도우미 역할을 맡아 친구들을 돕는 일은 매우 기쁘고 보람찬 일입니다.

내가 친구들을 도와주면 친구들도 기뻐합니다.

우리반 친구들은 모두 모두 한 가지 역할을 맡아서 1인 1역의 학급도우미 활동을 합니다.

나도 학급도우미 역할을 맡아 친구들을 도울 수 있습니다.

방울방울 텃밭

1-5-5. 자습시간입니다.

자습시간은 우리 스스로 공부하는 시간입니다.
공부는 선생님과 함께 할 수도 있지만 우리 친구들끼리 스스로 할 수도 있습니다.

자습을 위해 선생님께서 미리 내주신 과제를 할 수도 있습니다.
혹은 내가 하고 싶은 공부를 찾아서 할 수도 있지요.

나는 선생님이 교실에 계시던 계시지 않던 상관없이 내가 해야 하는 공부를 스스로 할 수 있습니다.

나는 자습시간에 조용히 앉아서 선생님께서 주신 과제나 내가 하기로 결정한 과제를 열심히 합니다.

I-5-6. 교무실이나 교사 휴게실에 들어갈 때는 선생님의 허락을 받아야 합니다.

선생님들은 교실에서 공부도 가르쳐주시며 우리와 함께 계시지만 가끔은 교무실이나 교사 휴게실에 가실 때도 있습니다.

선생님들은 교실에서 우리 학생들을 가르쳐 주십니다.

교무실에서는 우리를 가르치기 위한 수업 준비를 하시거나 여러 가지 회의를 하십니다.

교사 휴게실은 선생님들께서 힘들 때 잠깐 쉬시는 장소입니다.

학생들이 교무실이나 교사 휴게실에 가는 것은 특별한 일이 있을 때입니다.

교무실이나 교사 휴게실에 가야 할 일이 생기면 문 앞에서 선생님들께 말씀드린 후, 선생님의 허락을 받으면 들어갈 수 있습니다.

선생들께서 일하고 쉬시는 공간에 들어갈 때 허락을 받는 것은 예의바른 행동입니다.

나는 교무실이나 교사 휴게실에 갈 때는 문 앞에서 선생님들의 허락을 받은 후에 들어가겠습니다.

교무실

1-5-7. 선생님과 약속한 시간에 특수학급(특별활동실)에 갑니다.

나는 3학년 1반 학생입니다.

나는 대부분의 수업을 3학년 1반 교실에서 합니다.

특수학급에 가서 특수반 선생님과 수업 하는 시간도 있습니다.

내가 특수학급에 가는 시간은 '국어와 수학' 시간입니다.

다른 수업은 3학년 1반에서 친구들과 같이 합니다.

그런데 나는 국어시간이나 수학시간이 아닐 때에도 특수학급에 가고 싶어질 수 있습니다.

왜냐하면 특수학급에 내가 좋아하는 책과 놀잇감이 있기 때문입니다. 어떤 때는 조금 편안한 느낌이 좋아서 가고 싶을 수도 있습니다.

그렇더라도 나는 약속한 시간에만 특수학급에 가려고 노력할 것입니다.

나에게는 3학년 1반에서 같이 지내야 하는 친구들도 있고, 3학년 1반에서 배워야 하는 수업이 있기 때문입니다.

나는 특수학급에 선생님들과 미리 약속한 국어 시간과 수학시간에만 갑니다.

다른 수업 시간에는 3학년 1반 교실에서 친구들과 함께 즐겁게 참여합니다.

수학

2-1-1. 운동장에 있는 놀이 기구는 이렇게 사용합니다.

나는 쉬는 시간이나 점심시간에 운동장으로 나가 놀 수 있습니다.

운동장에는 여러 가지 놀이기구가 있습니다.

놀이기구는 친구들 모두가 같이 사용하는 것입니다.

나는 놀이기구를 친구들과 줄을 서서 차례차례 탑니다.

놀이기구를 탈 때는 차례를 잘 지켜야 많은 친구들이 골고루 놀이기구를 사용할 수 있습니다.

차례를 잘 지키고 친구들에게 양보할 수 있을 때, 놀이기구를 타며 노는 놀이가 더욱 재미있습니다.

그리고 놀이기구를 탈 때는 여러 가지 놀이기구 타는 규칙을 잘 지켜고 조심해서 타야 합니다.

놀이기구는 즐겁지만 때로는 위험하기도 하니까요.

나는 놀이기구를 탈 때 차례를 잘 지키고 조심하며 탈 수 있습니다.

2-1-2. 시간표와 다른 행사를 하는 날이 있습니다.

학교에서는 가끔씩 시간표와 다른 일들이 생깁니다.

시간표에는 국어 시간이라고 표시되었는데, 어떤 때는 우리 선생님이 하시는 국어 수업이 아닌 특강을 들어야 할 때도 있습니다.

특강은 특별한 수업을 의미합니다.

예를 들어 어떤 유명한 동화작가님이 오셔서 우리를 위해 강의를 해 주실 수도 있습니다.

이런 일은 우리에게 도움이 된다고 생각해서 선생님들께서 특별히 준비하신 시간입니다.

그러므로 우리반 학생 뿐 아니라 3학년 학생 전체가 강당에서 수업을 들어야 할 때도 있습니다.

이런 시간은 대개 재미있습니다.

대부분의 학생들은 이런 시간을 즐거워합니다.

그렇지만 나에게는 매우 지루할 수도 있습니다.

어떤 때는 너무 많은 학생들이 모여 있어서 시끄럽고 정신이 없을 수도 있습니다.

그리고 내 자리가 어디인지 모를 수도 있습니다.

이럴 때는 다른 친구들이 어떻게 하는지를 잘 살펴보는 것이 도움이 됩니다.

그래도 어려움이 있다면 우리 선생님께 도와달라고 요청할 수 있습니다.

나는 이런 특별한 수업이 진행되는 동안 가능한 친구들과 같이 잘 참여하도록 노력할 수 있습니다.

2-1-3. 조회시간입니다.

대부분의 학교에서는 월요일에 조회를 합니다.

조회는 교실에서 TV를 보면서 하기도 하고, 강당이나 운동장에서 모여서 하기도 합니다.

교실에서 하지 않고 장소가 바뀔 때는 다른 친구들과 같이 바뀐 장소로 갑니다.

조회시간에는 다음과 같은 일을 하게 될 수 있습니다.

1. 교감선생님이나 교장선생님의 말씀을 들을 수도 있습니다.
2. 상을 타는 친구가 있다면 학생들 모두가 박수를 치며 축하해 줍니다.
3. 우리학교 학생들이 지켜야 할 여러 가지 규칙이나 행사를 알려주십니다.
4. 우리 학교에 새로 오신 선생님을 학생들에게 소개해 줍니다.

그러므로 이 시간에 잘 참여하는 것은 내가 학교생활을 하는데 많은 도움이 된답니다.

나는 학교에 잘 다니기 위해 필요한 일을 이해하기 위해서, 조회 시간에 열심히 참여합니다.

2-2-1. 친구들과 음악실로 갑니다.

음악시간입니다.

음악활동은 교실에서 할 수도 있고 음악실에 가서 할 수도 있습니다.

음악실에 가야할 때는 친구들과 함께 즐겁게 이동합니다.

음악실에서는 원래 내가 앉아 있던 자리가 아닌 새로운 자리에 앉아야 할 수 있습니다.

교실에서 같이 앉던 짝이 아닌 다른 친구들과 짝이 되어 앉을 수도 있습니다.

나는 친구들과 함께 음악실로 이동할 수 있습니다.

그리고 새로운 친구와 짝이 되어 즐겁게 음악 활동을 할 수 있습니다.

음악실
음악

2-2-2. 음악실에서 악기를 연주합니다.

음악실에는 여러 가지 악기가 있습니다.
음악실에 있는 악기는 모든 학생들이 함께 사용하는 것입니다.

학생들은 음악실에는 있는 악기를 연주하는 방법을 배웁니다.
음악선생님께서는 우리에게 악기 연주하는 방법을 알려주십니다.

선생님께서는 악기 연주하는 방법을 알려주기 위해서 직접 시범을 보여주실 때도 있습니다.
우리는 선생님의 시범에 따라 새로운 악기 연주법을 연습합니다.
악기는 사용법대로 잘 다루어야 좋은 소리를 냅니다.

나는 친구들과 함께 즐겁게 악기 연주를 합니다.

2-2-3. 음악실에서 다 함께 노래를 불러요.

음악실에서 친구들과 노래를 부릅니다.

친구들과 함께 부르는 노래를 합창이라고 합니다.

합창을 할 때는 친구들의 노랫소리를 잘 들으면서 노래합니다.

합창을 할 때는 내 목소리가 너무 크거나 너무 작지 않아야 합니다.

내 목소리가 너무 크면 친구들이 부르는 노래 소리가 잘 들리지 않지요.

내 목소리가 너무 작아도 아름다운 합창이 잘 되지 않지요.

나는 음악시간에 합창을 할 때, 친구들의 노래 소리에 맞추어 노래를 부릅니다.

2-2-4. 과학실에서 과학 실험을 합니다.

과학 시간입니다.

과학 시간에 학생들은 교실이나 과학실에서 수업을 합니다.

과학실에서 수업을 해야 할 때는 친구들과 함께 과학실로 이동해야 합니다.

과학실에는 여러 가지 재미있는 실험기구가 많이 있습니다.

과학실에서 실험을 할 때 우리는 선생님의 안내에 따라 실험을 합니다.

실험기구는 위험할 수도 있으므로 조심스럽게 다루어야 합니다.

그리고 실험 결과는 우리의 학습 노트에 잘 정리합니다.

과학 실험을 통해 우리는 모르는 것을 알게 될 수도 있고 이미 알고 있는 것을 확인하게 될 수도 있습니다.

나는 과학실에서 즐겁게 실험하고 그 결과를 잘 정리합니다.

2-2-5. 강당(체육실)에는 재미있는 운동 기구가 많이 있습니다.

체육 시간에는 여러 가지 운동을 배우게 됩니다.

체육 활동은 대개 운동장이나 체육실에서 합니다.

체육실에는 여러 가지 운동기구가 많이 있습니다.

우리는 선생님 말씀에 따라 운동기구를 사용합니다.

운동기구는 친구들과 차례를 지켜 사용합니다.

체육실에서 규칙을 잘 지켜야 친구들과 즐겁게 체육을 할 수 있습니다.

나는 체육실에서 규칙을 잘 지키며 즐겁게 체육활동을 합니다.

2-2-6. 보건실에는 아플 때 가야합니다.

학교에는 보건실이 있습니다.

학교에서 갑자기 아프거나 다쳤을 때는 보건실에 계신 보건 선생님의 도움을 받을 수 있습니다,

보건실에는 아주 많이 아픈 친구가 잠깐 쉴 수 있는 공간도 있습니다.

친구들은 다치거나 아플 때 보건실에 갑니다.

내가 아파서 보건실에 가야 할 때에는 담임 선생님께 말씀드린 후 선생님의 허락을 받고 가야 합니다.

내가 말없이 보건실로 간다면 담임 선생님과 친구들은 내가 어디로 갔는지 몰라 당황스러워하실 수 있습니다.

내 몸이 아파서 보건실을 이용해야 할 일이 생긴다면 담임 선생님의 허락을 받은 후 보건실로 갑니다.

2-3-1. 복도를 걸을 때는 오른쪽으로 걷습니다.

학교에서 화장실에 가기 위해 복도를 걸을 때는 오른쪽으로 걸어가야 합니다.

사람들이 오른쪽으로 걸어야 하는 이유는 반대편에서 오는 친구들과 부딪히지 않기 위해서입니다.

예를 들어, 학생들은 쉬는 시간 동안 화장실에 가기 위해 복도를 걸어다닙니다.

그럴 때 많은 학생들이 한꺼번에 움직여야 합니다.

그러므로 '오른쪽으로 걷는다'라는 규칙을 잘 지켜야 서로 편안하게 복도를 오갈 수 있습니다.

모두 오른쪽으로 걸으면 복도 반대편에서 걸어오는 친구들을 만날 때에도 부딪히지 않을 수 있습니다.

물론 학교 이외의 장소에서도 길을 걸을 때는 가능한 오른쪽으로 걷는 것이 좋습니다.

나는 길을 걸을 때나 복도를 걸을 때, 오른쪽으로 걸을 수 있습니다.

2-3-2. 복도에 전시된 물건은 눈으로만 구경합니다.

우리 학교 복도에는 여러 가지 그림이 걸려 있습니다.

우리 반 친구들이 그린 그림도 있고, 다른 반 친구들이 그린 그림도 있습니다.

때로는 우리가 만들었던 여러 미술 작품을 복도에 있는 장식장 위에 놓여 있을 수도 있습니다.

친구들은 복도 벽이나 전시된 그림이나 작품은 우리 친구들이 힘들게 만든 소중한 작품입니다.

그러므로 작품을 볼 때는 눈으로만 구경해야 합니다.

가끔 궁금해서 손으로 작품을 만져보고 싶을 때도 있지만 잘 참을 수 있습니다.

내가 손으로 작품을 만지다가 혹시 친구 작품이 망가진다면 그 친구가 많이 속상할 수 있습니다.

그러므로 복도에 전시된 여러 가지 물건이나 친구들의 작품은 눈으로만 구경합니다.

나는 복도에 있는 여러 가지 물건이나 친구들의 작품들을 논으로만 구경할 수 있습니다.

2-3-3. 복도에서 만난 선생님들께 인사를 합니다.

복도에는 많은 선생님들도 다니십니다.

물론 우리들도 다닌답니다.

친구들은 우리 학교의 선생님을 복도에서 만날 때 인사를 합니다.

복도에서 만난 선생님이 우리반 담임 선생님이 아니시더라도 우리 학교 선생님이므로 인사를 드리는 것이 예의바른 행동입니다.

내가 선생님들께 인사를 잘 하면 선생님들의 기분이 좋아집니다.

내가 복도에서 만나는 모든 선생님들께 인사를 잘 하면 선생님들은 나를 예의 바른 어린이라고 생각하십니다.

나는 복도에서 만난 여러 선생님들께 인사를 잘 하겠습니다.

2-4-1. 한 줄로 줄을 서서 기다립니다.

친구들은 쉬는 시간에 화장실에 갑니다.

화장실에 가는 동안에는 조용히 오른쪽으로 걸어갑니다.

화장실에는 많은 친구들이 줄을 서서 기다립니다.

나도 화장실에 가면 줄을 서서 기다립니다.

모두 바르게 줄을 잘 서야 자기 차례를 잘 알게 됩니다.

줄을 서서 기다리다가 자기 차례에 들어가는 것은 '줄서기'라는 규칙을 잘 지킨 것입니다.

학생들이 모두 규칙을 잘 지켜야 서로 기분이 좋아집니다.

만일 내가 너무 급해서 먼저 화장실을 이용해야 할 일이 생기면 친구들에게 "친구들아, 미안한데 내가 너무 급하니 나 좀 도와주렴. 내가 먼저 사용해도 되겠니?"라고 말할 수 있습니다.

앞에 서 있는 친구들이 양보해주면 내가 먼저 들어갈 수 있습니다. 양보는 매우 고마운 일입니다.

나는 화장실에서 친구들과 같이 줄을 서서 내 차례를 기다릴 수 있습니다.

2-4-2. 화장실에 들어가기 전에 화장실 문 앞에서 노크합니다.

화장실에 들어가기 전에는 다른 사람이 안에 있는지 확인을 해야 합니다.

대부분의 사람들은 화장실 안에 들어가서 화장실 문을 잠그고 이용합니다.

하지만 어떤 때는 문을 잠글 수 없거나 문을 잠그지 않고 이용하는 친구도 있습니다.

그래서 화장실에 들어가기 전에 안에 누가 있는가를 확인하려고 화장실 문을 '똑똑' 두드립니다.

화장실 안에 사람이 있는 경우에는 그 사람도 같이 '똑똑' 해 줘서 안에 누군가가 있다는 표시를 해 줍니다.

내가 문을 두드려도 아무 소리가 나지 않으면 그때 화장실 문을 열고 들어갑니다.

나는 화장실 문을 열기 전에 누가 있는지를 확인하기 위해 문을 '똑똑' 두드리겠습니다.

2-4-3. 화장실에서는 옷을 잘 입고 나옵니다.

화장실에서 소변을 다 보고 난 후에는 옷을 잘 입고 나옵니다.

먼저 팬티를 올리고, 그다음에는 바지를 올립니다.

마지막으로 지퍼를 잘 올리고 바지 벨트도 잘 메어야 합니다.

옷을 다 입지 않고 화장실 문을 열게 되면 다른 친구들이 내 속옷을 볼 수도 있습니다.

친구들이 내 속옷을 보게 된다면, 친구들이 당황할 수 있습니다.

물론 나도 부끄러워지겠지요.

그러므로 나는 차분히 옷을 잘 챙겨 입은 후에 화장실 문을 열고 나와야 합니다.

나는 화장실에서 볼일을 다 보고 나면, 옷을 잘 입고 난 후에 화장실 문을 열고 나오겠습니다.

2-4-4. 화장실에서 소변을 볼 때는 문을 잘 잠궈야 합니다.

화장실에서 소변을 볼 때는 문을 잘 잠궈야 합니다.

특별히 학교 화장실처럼 많은 사람들이 사용하는 화장실을 이용할 때에는 더욱 더 문을 잘 잠궈야 합니다.

화장실 문을 잘 잠그고 이용해야 다른 친구가 실수로 노크 없이 문을 열려고 해도 문이 열리지 않겠지요.

만일 문을 잠그지 않고 그냥 이용한다면 가끔 당황하는 일이 생길 수도 있답니다.

예를 들어, 그냥 문이 열려서 친구들이 화장실에서 소변을 보고 있는 내 모습을 볼 수도 있습니다.

그러면 나는 속상한 마음이 들고 친구들도 당황하게 된답니다.

그러므로 화장실에서 소변을 볼 때는 화장실 문을 잘 잠근 후에 이용해야 합니다.

나는 화장실에서 소변을 볼 때 문을 잘 잠근 후에 이용할 수 있습니다.

2-4-5. 화장실에서 소변을 다 본 후에는 이렇게 해야 합니다.

화장실에서 소변을 보고 난 후에는 휴지로 닦고 그 휴지는 변기에 버려야 합니다.

그리고 변기의 물을 내려야 합니다.

내가 사용한 화장실 변기의 물을 잘 내려두어야 내 뒤에 화장실을 이용하는 친구가 기분 좋게 화장실을 사용할 수 있습니다.

화장실에서 나온 후에는 반드시 손을 씻어야 합니다. 화장실을 이용한 후 손을 씻는 방법은 다음과 같습니다.

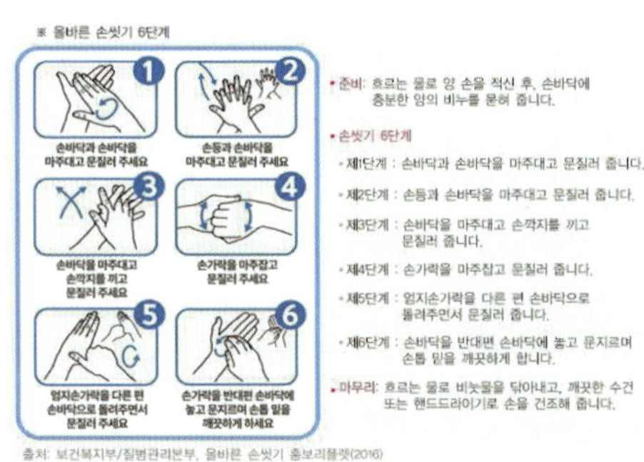

http://health.cdc.go.kr/health/HealthInfoArea/HealthInfo/View.do?idx=14450

질병관리본부 국가건강종보포털, 2018년 7월 25일 분출

화장실을 이용한 후 깨끗이 손을 씻어야 나는 건강한 학생이 될 수 있습니다.

나는 화장실을 이용한 후 변기의 물을 잘 내리고, 세면대에서 깨끗이 손을 씻을 수 있습니다.

2-5-1. 숙제합니다.

학교에서 공부를 하는 동안이나 학교 수업을 마친 후 선생님께서는 숙제를 내 주십니다.

숙제는 학교에서 배운 것을 더 공부하거나

앞으로 배울 것을 미리 공부하도록 선생님께서 우리에게 내 주시는 과제입니다.

학교에서 배운 것을 더 공부하는 것을 복습이라고 하고, 앞으로 배울 것을 미리 공부하는 것을 예습이라고 합니다.

숙제는 우리에게 필요한 공부를 더욱 더 잘하도록 하기 위해 내 주시는 것이지요.

내가 숙제를 잘 한다면, 공부 시간이 조금 더 재미있을 수 있습니다.

숙제를 하다가 모르는 것이 있으면 부모님이나 다른 친구들의 도움을 받아 완성할 수 있습니다.

물론 인터넷의 도움을 받아 완성할 수도 있겠지요.

나는 선생님께서 나에게 주신 숙제를 열심히 하겠습니다.

2-5-2. 체험학습을 하러 갑니다.

오늘은 체험학습을 하러 가는 날입니다.

체험학습을 위해 우리는 식물원이나 동물원 혹은 과학실 같은 여러 곳으로 다닐 수 있습니다.

체험학습을 하러 가는 날은 모든 학생들이 학교에 모여서 학교 차를 타고 다 같이 체험학습장으로 갑니다.

가끔은 지하철이나 버스를 이용할 수도 있습니다.

체험학습을 하러 가는 동안에는 선생님의 말씀을 잘 따라야 합니다.

그리고 친구들과 같이 다녀야 합니다.

선생님 말씀을 잘 듣고 친구들과 함께 다녀야 여러 가지 많은 것을 체험할 수 있습니다.

체험학습을 하는 동안 내가 본 것을 노트에 기록할 수 있습니다.

나에게 스마트 폰이나 카메라가 있다면 사진을 찍을 수도 있겠지요.

나는 체험학습을 하러 가는 동안 친구들과 함께 선생님 말씀에 따라 열심히 많은 것을 보고 듣겠습니다.

숲속 수목원

2-5-3. 체육대회를 합니다.

오늘은 학교에서 체육대회를 하는 날입니다.

체육대회를 하는 날은 체육복을 입고 학교에 갑니다.

학생들은 모두 운동장이나 체육관에 모여서 체육대회를 합니다.

때로는 부모님이나 할머니, 할아버지께서도 우리들의 체육대회를 구경하러 오십니다.

이런 날 나는 너무 기쁘고 즐겁습니다.

나는 부모님과 할머니, 할아버지께 내가 잘 달리는 모습을 보여드리기 위하여 더욱 열심히 잘 달리겠습니다.

그리고, 우리 반이 다른 반 보다 잘할 수 있도록 친구들과 같이 응원도 열심히 합니다.

응원이란 체육대회를 하는 동안 선수로 나간 내 친구가 잘 할 수 있도록 격려하는 것입니다.

주로 "우리 편 이겨라. 내 친구 이겨라."라는 말을 한답니다.

이렇게 체육대회를 잘 하고나면 우리 반 친구들끼리 더욱 친한 친구가 될 수도 있습니다.

체육대회 하는 날은 아주 재미있습니다.

나는 체육대회를 하는 동안 열심히 경기하고 열심히 응원하겠습니다.

2-5-4. 친구들과 캠핑하러 갑니다.

여름 방학을 하기 전 우리 반 친구들은 선생님과 함께 캠핑하러 갑니다.

캠핑을 위해 우리 친구들은 선생님과 함께 차를 타고 멀리 산이나 들, 또는 바닷가로 갑니다.

이렇게 산이나 들, 바닷가와 같은 야외에서 텐트를 치고 먹고 자는 것을 캠핑이라고 합니다.

물론 숲 속에 있는 학생수련원 같은 건물에서 잠을 잘 수도 있습니다.

캠핑하는 경우, 대개 한 밤이나 두 밤을 야외에서 자기 때문에 밤이 되어도 집에 가지 않습니다.

나는 밤이 되면 집에 가고 싶어집니다.

엄마가 보고 싶기도 하고, 내 침대와 내 베개가 필요할 수도 있습니다.

그렇지만 친구들과 선생님께서 함께 계시므로 잘 견딜 수 있습니다.

캠핑을 하는 동안 우리는 여러 가지 게임도 하고 물놀이도 즐겁게 합니다.

캠핑은 그동안 공부하느라 수고한 우리를 위로하기 위한 즐거운 활동입니다.

나는 캠핑을 하는 동안 선생님의 지도에 따라 친구들과 즐겁게 지낼 수 있습니다.

2-5-5. 문구점에서 필요한 준비물을 삽니다.

학교 앞에는 문구점이 있습니다.

문구점에는 여러 가지 학용품과 우리들이 좋아할만한 놀잇감이 있습니다.

나는 가끔 문구점에 들러서 필요한 학용품을 삽니다.

연필이나 크레파스, 도화지, 색종이, 지우개 같이 학교 생활을 위해 필요한 것은 대부분 문구점에서 살 수 있습니다.

이처럼 필요한 학용품을 사기 위해 문구점에 가는 것은 즐거운 일입니다.

왜냐하면 문구점에는 여러 가지 재미있는 물건이 많이 있기 때문입니다.

그런데 가끔 문구점에 친구들이 많이 있어서 내가 물건을 고르고 물건 값을 계산하려면 오래 기다려야 할 수도 있습니다.

그럴 때는 내가 구입하기 위해 골라놓은 학용품을 보면서 기쁜 마음으로 내 차례가 올 때까지 기다릴 수 있습니다.

나는 문구점에서 수업에 필요한 준비물을 차례를 기다려 살 수 있습니다.

편지지
지우개
연필
크레파스
크레
풀
가위

2-5-6. 친구들과 예방접종을 합니다.

우리는 가끔 학교에서 예방접종을 합니다.

예방접종이란 전염병에 감염되는 것을 미리 막기 위해 우리 몸에 주사를 놓는 것입니다.

예방접종을 하기 전, 선생님께서는 언제 예방접종을 할지 미리 알려주십니다.

예방접종을 위해 약간 아픈 주사를 맞아야 하므로 참 많이 긴장이 됩니다.

할 수 있다면 주사를 맞지 않고 싶은 마음이 들기도 합니다.

그렇지만 예방 주사를 맞아야 우리들은 감기에도 걸리지 않고 건강한 학생이 될 수 있답니다.

주사를 맞는 순간 약간 따끔 하지만 그것을 잘 참고 나면 그 뒤에는 별로 아프지 않습니다.

우리 친구들은 예방접종의 중요성을 알기 때문에 주사를 맞는 동안 잠시 아프더라도 잘 참을 수 있습니다.

나도 친구들과 같이 예방접종을 잘 할 수 있습니다.

예방접종을 하는 날, 나는 차례도 잘 지키고, 주사도 잘 맞을 수 있습니다.

2부

친구들과는 이렇게 지냅니다.

Ⅲ-1. 친구가 필요합니다

· 친구들이 말을 걸어올 수 있도록 밝은 표정으로
  지냅니다.
· 어른들께 친구 사귀는 방법을 질문합니다.
· 일기로 나의 마음을 알립니다.
· 친구들에게 다가가 말을 걸어봅니다.
· 집에 갈 때, 친구에게 '같이 가자'라고 말할 수
  있습니다.
· 친구들에게 다가가서 '무엇을 하고 있는지' 물어
  봅니다.

Ⅲ-2. 새로운 사람에게 나를 알려요

· 내 이름을 알려주면서 나를 소개할 수 있습니다.
· 이런 말을 나누면서 친구가 됩니다.
· 나는 이런 친구란다.
· 내가 좋아하는 놀이를 소개합니다.

Ⅲ-3. 친구들의 놀이에 참여해요.

· 놀이를 할 때는 친구들 곁으로 다가가요.
· 놀이에서 역할을 정할 때, 내 생각을 이야기합니다.
· 내 생각을 말합니다.
· 말하는 친구의 이야기를 주의 깊게 들어야 합니다.
· 친구와 이야기를 나눌 때는 친구의 얼굴을 보며
  이야기를 합니다.

Ⅲ-4. 차례를 기다립니다.

· 줄을 서서 내 차례를 기다립니다.
· 기다리는 동안에는 이런 일을 할 수 있습니다.
· 모둠별로 발표하는 시간입니다. 친구들이 발표
  하는 내용을 잘 들으며 우리 차례를 기다립니다.

Ⅲ-5. 친구들과 함께 합니다.

· 친구들과 사이좋게 놀이기구를 이용합니다.
· 친구에게 물건을 건네줄 때는 이렇게 합니다.
· 내가 나누어 주는 것을 친구가 거절할 수도 있습
  니다.
· 친구와 간식을 나누어 먹어요.
· 여러 가지 간식이 있을 때. 내가 먹고 싶은 것을
  이야기 할 수 있습니다.
· 내가 준비한 간식을 친구와 나누어 먹을 수 있습
  니다.
· 모둠활동은 모두가 같이하는 활동입니다.
· 친구를 응원합니다.

Ⅳ-1. 친구를 위로합니다.

· 친구에게 슬픈 일이 생겼을 때는 친구에게 말을
  걸어요.
· 혼자 있어서 마음이 슬픈 친구를 위로합니다.
· 슬픈 친구의 이야기를 들어줍니다.
· 슬픈 친구의 어깨를 두드려 줍니다.
· 친구가 좋아하는 놀이를 함께합니다.
· 슬픈 친구에게 작은 선물을 줄 수 있습니다.

Ⅳ-2. 화가 납니다.

· 다른 사람에게 나의 기분을 알리겠습니다.
· 화가 난 이유를 잘 생각해 봅니다.
· 그림으로 내 기분을 표현합니다.
· 기분이 좋지 않을 때 노래를 불러봅니다.
· 나를 괴롭히는 아이에게는 이렇게 합니다.
· 괴롭히는 아이들과 멀리 떨어져 지냅니다.

Ⅳ-3. 기분을 표현해요

· 친구에게 내 생각을 이야기 합니다.
· 서로의 마음을 이야기 합니다.

Ⅳ-4. 화해할 때는 이렇게 합니다.

· 실수를 했을 때에는 '죄송합니다' 또는 '미안해'
  라고 말할 수 있습니다.
· 친구와 악수하면서 사이좋게 지내려합니다.

3-1-1. 친구들이 말을 걸어올 수 있도록 밝은 표정으로 지냅니다.

사람들의 얼굴 표정에는 여러 가지가 있습니다.

기쁜얼굴, 슬픈얼굴, 화난얼굴, 놀란얼굴 등등이 있습니다.

그런데 친구를 사귀기 위해서는 기쁘고 즐거운 표정으로 지내는 것이 중요합니다.

내가 밝고 즐거운 표정으로 있으면 친구들은 나에게 쉽게 다가와 말을 걸어줄 수 있습니다.

조금 화난 얼굴을 하고 있거나 슬픈 표정으로 있으면 친구들이 다가와 같이 놀자고 말하기가 어렵습니다.

그리고 친구들과 눈이 마주치면 조금 쑥스럽더라도 먼저 웃어주면 친구도 즐거운 마음으로 나에게 다가올 수 있습니다.

나는 친구들이 말을 걸어올 수 있도록 밝은 표정으로 지낼 수 있습니다.

3-1-2. 어른들께 친구 사귀는 방법을 질문합니다.

나에게 친구는 중요합니다.

친구들과 같이 지내면, 공부를 하는 것도 놀이를 하는 것도 더욱 재미있습니다.

나는 친구와 놀고 싶고, 공부하고 싶습니다.

그러나 친구를 사귀는 방법을 잘 알지 못합니다.

그럴 때는 어른들께 친구를 사귀려면 어떻게 해야 하는지 질문해볼 수 있습니다.

선생님이나 부모님도 어렸을 적에 친구가 없거나 친구와 사이가 좋지 않아 힘들었던 때가 있습니다.

내가 선생님이나 부모님께 친구 문제로 힘들다고 말씀드리면

어른들은 친구 문제로 힘들어하는 나의 마음을 잘 이해해 주실 것입니다.

그리고, 친구를 사귀기 위해서 어떻게 해야 하는지를 자세히 알려주실 수 있습니다.

나는 친구와 친해지는 방법을 알기 위해, 어른들께 질문해볼 수 있습니다.

3-1-3. 일기로 나의 마음을 알립니다.

나는 매일 매일 일기를 씁니다.

글을 잘 못쓸 때는 그림으로 일기를 씁니다.

일기에는 나의 생각과 마음을 다 이야기 할 수 있습니다.

선생님께서는 가끔 일기장을 검사하십니다.

그리고 내가 쓴 일기를 보시고 짧은 답 글도 적어주십니다.

선생님은 나의 친구에 대해서 관심이 많으십니다.

그래서 내가 '외로움을 느끼고 친구가 없어서 힘들다'라고 일기에 적으면, 내가 친구를 사귈 수 있도록 도와주실 것입니다.

나와 친할 수 있는 친구를 소개해주실 수도 있을 겁니다.

나는 일기로 내 마음을 알리겠습니다.

4학년 5월 2일
제목: 친구
날씨
흐림
친구가 없어서 힘드
...
일기장

3-1-4. 친구들에게 다가가 말을 걸어봅니다.

우리 반 친구들은 모여서 여러 가지 이야기를 나눕니다.

나는 친구들의 대화에 끼는 것이 어렵습니다.

그렇지만 친구들과 함께 지내고 싶습니다.

그러므로 나는 용기를 내어 친구들에게 다가가 말을 걸어봅니다.

친구들이 노는 곳에 가까이 가서 친구들에게 '같이 놀자.' 라고 나의 생각을 말할 수 있습니다.

혹은 친구들이 이야기를 나눌 때 어떤 주제에 대해 이야기하는지 잘 들어봅니다.

그러다가 내가 아는 주제의 이야기를 할 때 '나도 그런 곳에 가 봤는데...'라고 말하면서 자연스럽게 대화에 참여할 수도 있습니다.

나는 친구들에게 다가가 친구들의 놀이나 대화에 참여할 수 있습니다.

3-1-5. 집에 갈 때 친구에게 '같이 가자' 라고 말할 수 있습니다.

친구들과 집에 가는 길은 즐겁습니다.

집에 가면서 친구들과 여러 가지 이야기를 할 수 있습니다.

집으로 오는 길에 여러 가지를 구경하면서 이야기를 나눌 수도 있습니다.

이렇게 집에 같이 오다보면 친한 친구가 됩니다.

그러므로 집에 갈 때, 나와 같은 방향으로 가는 친구들에게 '같이 가자' 라고 말 해보세요.

친구들과 이야기 하며 가는 길은 재미있습니다.

혼자가 아니라 누군가와 같이 있다는 것은 즐겁고 편안합니다.

나는 학교를 마치고 집으로 돌아가는 길에, 친구에게 ' 같이 가자 ' 라고 먼저 이야기 할 수 있습니다.

3-1-6. 친구에게 다가가서 '무엇을 하고 있는지'를 물어봅니다.

친구들은 재미있는 게임을 하거나 장난감 놀이를 합니다.

몇몇 아이들은 운동장에서 놀이기구를 타면서 놀기도 합니다.

다른 친구들이 이렇게 재미있게 지내는 것을 구경하는 일도 재미있습니다.

하지만, 나도 친구들과 어울려 놀고 싶어집니다.

나는 친구들에게 '뭐해?'라고 물어봅니다.

그러면, 아이들은 내가 같이 놀고 싶어 한다는 것을 알게 됩니다.

'무엇을 하고 있는 거니?' 라고 묻는 것은 아이들에게 관심이 있다는 표시가 됩니다.

아이들은 나의 질문에 대답을 해주면서 '너도 할래?' 라고 말해줄 수 있습니다.

나는 친구들이 모여 놀이하고 있을 때, 다가가서 '무엇을 하고 있는지'를 물어보겠습니다.

3-2-1. 내 이름을 알려주면서 나를 소개할 수 있습니다.

우리는 새로운 사람을 만날 기회가 자주 있습니다.

예를 들어, 새 학년이 되어 반이 바뀌면 새로운 친구와 새로운 선생님을 만나게 됩니다.

새로 시작하는 방과 후 활동에서도 새로운 친구와 새로운 선생님을 만날 수 있습니다.

새로운 친구를 만나면 그 친구에게 나를 소개해야 합니다.

새로운 친구에게는 '만나서 반가워. 내 이름은 OOO이야'라고 말합니다.

이렇게 자기 이름을 다른 사람에게 알려줄 때는 다른 사람이 잘 들을 수 있도록 큰 소리로 이야기 합니다.

이름을 알려주는 일은 다른 사람들에게 나를 알려주는 것이지요.

친구들이 나의 이름을 알면, 나에게 말을 거는 일이 그만큼 쉬워지고 그러면 점점 더 친하게 지낼 수도 있습니다.

내 이름을 말할 때는 큰 소리로 이야기합니다. 친구들이 잘 들을 수 있도록 말입니다.

나는 처음 만나는 친구들에게 ' 내 이름은 OOO이야' 라고 나를 소개할 수 있습니다.

3-2-2. 이런 말을 나누면서 친구가 됩니다.

친구들을 처음 만나면, 아직 서로 잘 몰라서 어떻게 이야기를 나눠야 할지 잘 모를 수 있습니다.

다른 친구들도 부끄러워서 새로운 친구에게 자신을 알리는 일을 힘들어합니다.

새로운 친구를 사귀는 일은 누구에게나 어렵고 힘든 일입니다.

새로운 친구를 만났을 때는 먼저 나를 소개합니다.

처음 만난 친구에게는 '만나서 반가워.' 라고 인사합니다.

그리고 여러 가지 나의 생각을 말해도 좋습니다.

예를 들어, '나는 파란색 좋아하는데 너는 어떤 색 좋아하니?', '나는 요즘 농구 배우는데 너도 농구 좋아하니?' 등과 같이 친구가 무엇을 좋아하는지 물어볼 수 있습니다.

친구가 좋아하는 것에 대하여 이야기를 나눈다면 보다 친하게 될 수 있습니다.

나는 친구가 좋아하는 것에 대하여 이야기를 나누며 친한 친구가 되도록 노력하겠습니다.

3-2-3. 나는 이런 친구란다.

친구들을 처음 만나면, 내가 어떤 친구인지 이야기 합니다.

먼저 내 이름을 알려주어야겠지요.

그다음에는, 우리 가족 이야기를 할 수도 있습니다.

내가 배우는 악기 이야기를 할 수도 있습니다.

내가 좋아하는 색깔이나 내가 좋아하는 음식, 내가 좋아하는 놀이에 대한 이야기도 합니다.

요즘 내가 읽은 책에 대해서 이야기를 나눌 수도 있습니다.

이렇게 나에 대하여 이야기를 하면 친구들도 자기가 어떤 아이인지를 이야기 합니다.

우리는 이렇게 해서 서로를 잘 알게 되지요.

이렇게 서로를 잘 알게 되면 친한 친구가 될 수 있답니다.

나는 새로운 친구에게 나를 소개하면서 친해지도록 노력할 수 있습니다.

3-2-4. 내가 좋아하는 놀이를 소개합니다.

사람들에게는 좋아하는 놀이가 있습니다.

그리고 서로 같은 놀이를 좋아하는 사람과 친구가 되고 싶어합니다.

때로는 좋아하는 놀이나 취미가 같은 사람끼리 모임을 만들기도 합니다.

축구를 좋아하는 사람들끼리 '축구부'를 만들거나 음악을 좋아하는 사람들끼리 '오케스트라'를 만드는 것도

취미가 같은 사람끼리 모이고 싶어서랍니다.

내가 좋아하는 것을 다른 사람에게 말하는 것은 다른 사람에게 나를 알리는 좋은 방법입니다.

내가 좋아하는 놀이를 말하면, 나와 같은 놀이를 좋아하는 친구를 찾을 수도 있고 더욱더 친하게 지낼 수도 있습니다.

나와 같은 놀이를 좋아하는 친구는 나에게 와서 같이 놀이를 하자고 할 수도 있습니다.

나는 친구들을 만나면, 먼저 내가 좋아하는 놀이를 소개하여 나와 같은 놀이를 좋아하는 친구를 찾아보겠습니다.

3-3-1. 놀이를 할 때는 친구들 곁으로 다가갑니다.

친구들이 놀이를 하고 있을 때는 친구들의 곁에 있어야 합니다.

나와 친하지 않은 친구들의 곁으로 다가가는 것이 때로는 힘들 수 있습니다.

그래도 친구들 곁으로 가까이 가야만 함께 놀 수가 있습니다.

친구들은 자신의 놀이에 관심을 보이는 것을 좋아합니다.

만일 내가 친구들이 놀고 있는데 가까이 가지 않으면 친구들은 같이 놀고 싶어 하는 내 마음을 알 수 없습니다.

그러므로 나도 친구들과 같이 놀고 싶어 한다는 나의 생각을 알려야 합니다.

나는 친구들의 놀이에 참여하기 위해 친구들 곁으로 다가갈 수 있습니다.

3-3-2. 놀이에서 역할을 정할 때, 내 생각을 이야기합니다.

친구들과 함께 어울려 노는 것은 재미있습니다.

친구들은 여러 가지 놀이나 게임 등을 합니다.

이렇게 친구들과 게임이나 놀이를 할 때에는 여러 가지 역할을 정할 수 있습니다.

그럴 때, 친구들의 이야기를 잘 들어보고 내가 할 있는 것이 무엇인지 생각해 봅니다.

이때 나도 내가 하고 싶은 것을 이야기해야 내가 할 수 있고 내가 좋아하는 일을 하게 됩니다.

모든 친구들이 재미있게 게임과 놀이를 하려면 자기 생각을 잘 이야기 할 수 있어야 합니다.

나는 놀이를 할 때 친구들에게 내 생각을 이야기 할 수 있습니다.

3-3-3. 내 생각을 말합니다.

친구들과 술래잡기 놀이를 합니다.

그런데 친구들이 자꾸만 나에게 술래를 하라고 합니다.

처음에는 재미있게 했지만 이제는 술래가 재미없어졌어요.

나도 친구들처럼 숨어보고 싶어요.

이럴 때는 내 생각을 친구들에게 이야기 합니다.

'나도 술래 그만하고 너희들처럼 숨는 거 해볼래.'라고 이야기 합니다.

이렇게 내 생각을 잘 이야기 해 주어야 친구들이 내가 무엇을 하고 싶어 하는지 알 수 있습니다.

이야기를 하지 않다가 갑자기 '나 이거 싫어, 이제 안 해.'라고 화를 내면 친구들은 내가 왜 그러는지 알 수 없습니다.

그리고 내 생각을 잘 몰랐기 때문에 당황해할 수 있습니다.

그러므로 나는 조금 힘들더라도 내 생각을 잘 이야기 해야 합니다.

나는 친구들과 놀이를 할 때 내 생각을 잘 표현할 수 있습니다.

3-3-4. 말하는 친구의 이야기를 주의 깊게 들어야 합니다.

친구들과 함께 이야기를 나눌 때, 친구가 이야기를 하고 있다면 나는 조용히 친구의 이야기를 잘 들어야 합니다.

잘 들어야 친구가 하고 싶은 말이 무엇인지 알 수 있습니다.

친구가 하는 이야기를 잘 들어야 나도 그 친구가 하는 이야기 주제와 같은 이야기를 할 수 있답니다.

이야기를 나눌 때 친구와 같은 주제에 대하여 이야기 하는 것은 매우 중요합니다.

놀이를 할 때도 놀이 방법을 설명하는 친구의 이야기를 잘 들어야 놀이를 잘 할 수 있게 됩니다.

그래야 친구들과 더욱 재미있게 놀 수 있게 됩니다.

친구들과 함께 이야기를 나눌 때 말하는 친구의 이야기를 주의깊게 듣겠습니다.

3-3-5. 친구와 이야기를 나눌 때는 친구의 얼굴을 보며 이야기를 합니다.

친구와 이야기를 할 때 서로의 이야기를 잘 들어야 합니다.

친구의 말을 잘 들으려면, 이야기 하는 친구의 얼굴을 잘 바라보아야 합니다.

친구의 이야기를 잘 들어야 그 친구가 나에게 하는 말이 무엇인지 알 수 있습니다.

내가 친구에게 말을 할 때에도 그 친구의 얼굴을 보면서 말해야 그 친구가 내 말을 듣고 있는지 알 수 있습니다.

이야기 하는 친구를 잘 바라보는 것은 나에게 도움이 됩니다.

이야기 하는 친구를 보고 있어야 내가 친구 이야기를 듣고 있다는 것을 그 친구가 알 수 있습니다.

나는 이야기하는 사람을 잘 바라보아서 내가 잘 듣고 있다는 것을 알 수 있도록 하겠습니다.

3-4-I. 줄을 서서 내 차례를 기다립니다.

학교에서는 줄을 서야 하는 시간이 많이 있습니다.

예를 들어, 급식시간이나 조회시간, 체육시간 등과 같은 시간에는 모두 모두 줄을 서야 합니다.

선생님께 과제를 제출할 때에도 줄을 서야 할 수 있습니다.

줄을 서서 기다리는 동안 조금 지루하더라도 조금 참고 기다리면 내 차례가 됩니다.

이렇게 친구들이 자기 차례를 잘 기다린다면 모두가 즐거운 교실이 될 수 있습니다.

질서 있는 교실이 되겠지요.

나는 줄을 서서 내 차례를 기다릴 수 있습니다.

수저가락
오지랖수

3-4-2. 기다리는 동안에는 이런 일을 할 수 있습니다.

놀이공원에 가서 놀이 기구를 타려고 할 때에는 아주 많은 사람들이 줄을 서서 기다리고 있습니다.

많은 사람들이 기다리므로 내 차례가 되려면 아주 오랫동안 기다려야 합니다.

때로는 1시간도 넘게 기다려야 할 때도 있습니다.

하지만 기다려야 재미있는 놀이기구를 탈 수 있습니다.

오랫동안 기다린다는 것은 매우 힘듭니다.

나 뿐 아니라 다른 친구들도 힘이 듭니다.

이럴 때 친구들과 간단한 게임을 하면서 기다릴 수도 있습니다.

예를 들어, "끝말잇기"놀이를 하면서 기다릴 수도 있습니다.

짝 친구와 간단한 게임을 할 수도 있겠지요.

이렇게 작은 소리로 게임이나 간단한 놀이를 하면서 기다린다면 지루한 시간도 조금 즐거워질 수 있습니다.

나는 오래 기다려야 하는 일이 생길 때, 친구들과 간단한 놀이를 하면서 기다리겠습니다.

신밧드의 모험
여기부터
45분 소요

3-4-3. 모둠별로 발표하는 시간입니다.
친구들이 발표하는 내용을 잘 들으며 우리 차례를 기다립니다.

수업 시간에 모둠별 활동을 했습니다.

그리고 모둠별로 활동한 것을 발표해야 합니다.

이럴 때에도 우리 모둠의 차례가 되기 위해 약간 기다려야 할 수 있습니다.

왜냐하면 다른 모둠이 먼저 발표할 수 있기 때문입니다.

다른 모둠의 친구들이 발표를 할 때에는 그 친구들의 발표 내용을 조용히 잘 들어야 합니다.

내가 잘 듣고 있으면 발표하는 친구가 더욱 즐겁게 발표할 수 있습니다.

우리 모둠 차례가 되면 우리도 즐겁게 발표할 수 있습니다.

그럴 때 친구들이 잘 들어주면 우리도 더욱 기쁘게 발표할 수 있습니다.

나는 다른 모둠이 발표 하는 동안 발표하는 내용을 잘 들으며 우리 차례를 기다립니다.

3-5-1. 친구들과 사이좋게 놀이기구를 이용합니다.

학교 운동장에는 여러 가지 놀이기구가 있습니다.
친구들은 쉬는 시간이나 점심시간에 운동장에 나와서 놀이기구를 타려고 합니다.
그럴 때는 차례를 지켜 순서대로 놀이기구를 타야 합니다.

그리고 내가 먼저 놀이기구를 타고 있을 때는 다른 친구들도 이용할 수 있도록 해야 합니다.
오랫동안 타고 싶은 마음이 있더라도 조금만 이용해서 다른 친구들도 놀이기구를 탈 수 있도록 해야 합니다.

내가 차례를 잘 지키고 다른 친구에게 놀이기구를 잘 양보하면 친구들이 나에게 고마워한답니다.

나는 놀이기구를 탈 때 차례를 지키도록 하겠습니다.
그리고 다른 친구들도 탈 수 있도록 배려하겠습니다.

3-5-2. 친구에게 물건을 건네줄 때는 이렇게 합니다.

우리 반에서도 물건을 나누어 주는 일이 많습니다.

학습지를 나누어주는 일, 우유를 나누어 주는 일, 실험기구를 나누어 주는 일 등이 있습니다.

이렇게 여러 가지 물건을 나누어 줄 때는 친구들이 잘 받을 수 있도록 가까이 가서 책상 위에 올려두거나 친구 손에 직접 주어야 합니다.

친구들끼리는 서로 존중해야 합니다.

물건을 잘 놓아주는 것도 친구를 존중한다는 표시입니다.

나는 물건을 나누어 줄 때, 친구들 책상 위나 친구 손에 잘 놓아줍니다.

3-5-3. 내가 나누어 주는 것을 친구가 거절할 수도 있습니다.

나는 가끔 내 물건이나 과자를 친구들에게 나누어 줍니다.

그러면 친구들은 대개 '고마워.'라고 말합니다.

그런데 어떤 친구는 내가 주는 과자를 거절할 때가 있습니다.

친구가 거절하면 내 마음이 약간 불편해지기도 합니다.

그럴 때 나는 이렇게 생각할 수 있습니다.

'나에게는 매우 맛있는 과자인데 내 친구는 그 과자를 좋아하지 않은가보구나. 혹은 조금 전에 점심을 먹어서 배가 불러서 먹기 힘든가보다.'

친구들이 내가 나누어주는 음식이나 물건을 거절하는 것은 나를 싫어해서가 아닙니다.

단지 그 물건이나 음식이 필요하지 않기 때문입니다.

그럴 때는 '그래, 알겠어'라고 이야기 하면 됩니다.

나는 친구들에게 물건이나 음식을 줄 때, 친구들이 '그만 달라'고 하거나 '괜찮아.'라고 한다면 '그래, 알겠어.'라고 할 수 있습니다.

괜찮아.
고마워.
그래, 알겠어.
그만줘.

3-5-4. 친구와 간식을 나누어 먹어요.

간식시간은 언제나 즐겁습니다.

모두가 간식을 좋아하지요.

친구들과 같이 먹는 간식 시간은 더욱 즐겁습니다.

친구들과 간식을 먹을 때는 사이좋게 나누어 먹어야 합니다.

그런데 가끔 내가 좋아하는 간식이 나와서 더 먹고 싶을 수 있습니다.

그럴 때는 선생님께 '더 먹어도 돼요?'라고 여쭤볼 수 있습니다.

혹은 옆에 친구의 간식이 많이 남아있다면 '친구야, 너의 간식을 나에게 조금 더 나누어줄 수 있니?"라고 물어볼 수 있습니다.

그래서 선생님께서 허락하시거나 친구가 양보해준다면 간식을 더 먹을 수 있습니다.

나는 학교에서 간식을 먹을 때 친구들과 같이 사이좋게 나누어 먹겠습니다.

더 먹어도 되요?
간식 조금 나누어 줄 수 있니?

3-5-5. 여러 가지 간식이 있을 때, 내가 먹고 싶은 것을 이야기할 수 있습니다.

우리에게 여러 가지 간식을 먹을 수 있는 기회가 있습니다.

여러 가지 간식이 있을 때는 자기가 먹고 싶을 것을 이야기 하고 선택할 수도 있습니다.

내가 먹고 싶은 것을 잘 이야기해야 선생님이나 친구들이 먹고 싶은 것을 잘 나누어줄 수 있습니다.

만일 내가 제일 좋아하는 간식이 없으면, 그 다음으로 좋아하는 것을 선택해야 합니다.

이처럼 간식 시간에도 내가 무엇을 원하는지 잘 이야기해서 다른 사람들이 내 마음을 잘 알도록 해야 합니다.

나는 간식 시간에 내 생각을 잘 이야기 할 수 있습니다.

3-5-6. 내가 준비한 간식을 친구와 나누어 먹을 수 있습니다.

우리는 가끔 맛있는 과자와 음료수를 간식으로 학교에 가져갈 수 있습니다.

우리는 맛있게 간식을 먹습니다.

그럴 때 나는 내가 가져온 간식을 친구들에게 나누어줄 수도 있습니다.

친구들이 나에게 먼저 과자를 달라고 하지 않더라도, 앞과 뒤, 옆에 있는 친구에게

먼저 '이거 먹을래?'라고 물어보면서 내 간식을 나누어 줄 수 있습니다.

그러면, 친구들이 나를 친절한 친구로 생각할 것입니다.

그리고 그 친구의 과자도 나에게 나누어 줄 것입니다.

나는 내가 가져온 간식을 친구들과 같이 나누어 먹겠습니다.

3-5-8. 모둠활동은 모두가 같이하는 활동입니다.

모둠 활동은 친구들이 함께하는 활동입니다.

모둠 활동을 할 때 우리는 서로 자기가 해야 할 역할이나 해야 할 부분을 나누게 됩니다.

모둠 활동을 위해 준비물도 서로 나누어 가져올 수 있습니다.

나는 모둠활동을 위해 친구들과 사이좋게 의논하고 내 생각도 이야기 합니다.

그리고 내가 해야 하는 나의 역할을 열심히 합니다.

혹시 내가 해야 하는 일이 무엇인지 잘 모를 때는 친구들에게 '나는 무엇을 해야 하지?' 라고 물어 봅시다.

그러면, 친구들이 내가 해야 하는 일이 무엇인지 알려줄 수 있습니다.

때로는 내가 하기 싫은 일을 해야 할 수도 있습니다.

다른 친구들도 마찬가지지요. 그렇지만 내가 맡은 일이기 때문에 열심히 합니다.

모둠 활동에서는 서로 양보하고 도와야 잘할 수 있답니다.

그리고 각자 자기가 맡은 일을 열심히 해야 좋은 결과를 얻을 수 있습니다.

나는 모둠 활동을 할 때 내가 해야 하는 일을 열심히 합니다.

3-5-9. 친구를 응원합니다.

학교에서는 여러 가지 운동경기를 합니다.

수련회나 체육대회 때가 되면 우리반의 모든 친구들이 다른 반의 모든 친구들과 같이 경기를 합니다.

그럴 때 우리는 우리 반 친구들을 응원합니다.

달리기를 하는 친구에게 '잘해라' 라고 응원 할 수도 있습니다.

노래를 불러서 친구에게 용기를 줄 수도 있습니다.

친구에게 ' 파이팅!' 이라고 외칠 수도 있습니다.

우리반 친구끼리 이렇게 서로 응원을 하면, 더욱 신나게 경기를 할 수 있습니다.

친구들 끼리 더욱 친해질 수도 있습니다.

나는 우리반 친구들이 경기를 할 때, 친구들과 힘을 모아 열심히 응원합니다.

4-1-1. 친구에게 슬픈 일이 생겼을 때는 친구에게 말을 걸어요.

학교에는 많은 친구들이 있습니다.

내 친구들 중에는 속상한 일을 겪어서 마음이 아픈 친구가 있습니다.

이런 친구들이 있을 때 나는 그 친구에게 다가가 먼저 이야기 합니다.

재미있는 이야기를 해 줄 수도 있고, 나와 같이 놀이를 하자고 할 수도 있습니다.

그럴 때 친구가 싫다고 하면 조용히 자리에 가서 그 친구 마음이 좋아질 때까지 기다립니다.

친구가 마음이 아파도 옆에 도와주는 친구가 없다면 그 친구의 슬픔은 더욱 오래가겠지요.

친구 마음이 많이 슬플 때 친구에게 다가가 이야기를 건네는 것은 그 친구의 속상한 마음을 덜어주는 것입니다.

나는 친구에게 슬픈 일이 생기면 먼저 그 친구 곁에 가서 친구의 마음을 위로하겠습니다.

4-1-2. 혼자 있어서 마음이 슬픈 친구를 위로합니다.

친구들과 함께 놀다보면 서로의 생각이나 마음이 다를 수 있습니다.

그럴 때 어떤 친구들은 자기와 생각이 다른 친구와 같이 놀거나 이야기 하지 않습니다.

자기만 놀지 않는 것이 아니라 다른 친구들에게도 놀지 말라고 해서 그 친구 혼자 지내도록 하는 경우들이 간혹 있습니다.

이런 행동을 '따돌림'이라고 합니다.

이렇게 친구를 따돌리면 따돌림을 당한 친구 마음이 많이 아프답니다.

어떤 친구는 따돌림을 당한 친구와 같이 놀고 싶어도 다른 친구들이 뭐라고 하는 것이 두려워서 같이 놀지 못하는 친구들도 있습니다.

그렇지만 나는 따돌림을 당해서 힘들어하는 친구를 도와 줄 수 있습니다.

나는 그 친구에게 가서 '같이 놀자', '조금 있으면 다른 친구들도 너를 좋아하게 될 거야'라고 이야기해 줍니다.

나는 혼자 있어서 마음이 슬픈 친구를 위로할 수 있습니다.

4-1-3. 슬픈 친구의 이야기를 들어줍니다.

학교에서 여러 친구들을 만납니다.

친구를 만났을 때는 반갑게 인사를 합니다.

그런데 때로는 내가 반갑게 인사를 했는데도 고개를 푹 숙이고 인사하지 않는 친구가 있을 때도 있습니다.

아마도 그 친구는 오늘 기분이 좋지 않은가봅니다.

그럴 때는 친구의 곁에서 친구의 이야기를 들어 줍니다.

친구 이야기를 잘 듣는 것은 친구를 위로하는 방법입니다.

친구는 나에게 이야기를 하면서 기분이 좋아질 수 있습니다.

나는 친구에게 슬픈 일이 생겼을 때, 친구의 이야기를 잘 들어줍니다.

4-1-4. 슬픈 친구의 어깨를 두드려 줍니다.

쉬는 시간에는 친구들과 사이좋게 이야기를 하거나 놀이를 합니다.

그러나 때로는 친구들끼리 서로 마음이 통하지 않거나 불편한 마음이 들 수도 있습니다.

이럴 때 내가 친구의 곁으로 다가가 친구의 어깨를 두드려 주면 친구의 기분이 조금 좋아질 수 있습니다.

친구의 기분이 좋아지면 나도 기분이 좋아집니다.

그 친구는 나를 참 좋은 친구라고 생각할 수도 있습니다.

나는 나의 친구에게 슬픈 일이 생겼을 때 친구의 곁으로 다가가 친구의 어깨를 두드려 줄 수 있습니다.

4-1-5. 친구가 좋아하는 놀이를 함께 합니다.

우리 교실에 마음이 슬픈 친구가 있습니다.

그럴 때 나는 그 친구를 기쁘게 해줄 수 있는 방법을 생각해봅니다.

예를 들어, 그 친구가 좋아하는 놀이가 무엇인지 생각해볼 수 있습니다.

친구가 그네타기를 좋아한다면 그 친구에게 다가가서 '이따가 쉬는 시간에 그네타기'를 하자고 합니다.

그리고 쉬는 시간이 되면 함께 그네타기를 하러 갑니다.

이렇게 마음이 아픈 친구에게 다가가서 그 친구가 좋아하는 놀이를 하자고 하면 그 친구의 마음이 즐거워질 수 있습니다.

그리고 우리는 더욱 친한 친구가 될 수 있습니다.

나는 마음이 아픈 친구가 좋아하는 놀이를 생각하고 그 친구가 좋아하는 놀이를 함께 할 수 있습니다.

4-1-6. 슬픈 친구에게 작은 선물을 줄 수 있습니다.

친구들과 생활하다보면 마음이 상하는 일이 종종 생깁니다.

이렇게 마음이 상한 친구가 내 주변에 있다면 나는 그 친구를 기쁘게 할 수 있는 방법을 생각해봅니다.

친구에게 말을 걸어볼 수도 있고, 재미있는 놀이를 하자고 할 수도 있습니다.

때로는 친구를 기쁘게 해 줄 수 있는 작은 선물을 준비해서 친구를 기쁘게 해 줄 수도 있습니다.

선물은 받는 사람을 아주 기쁘게 하는 것입니다.

이렇게 친구를 기쁘게 할 수 있는 선물은 연필이나 지우개, 내가 만든 꽃이 될 수도 있습니다.

선물은 친구가 좋아하는 것을 줄 때 더욱 더 고마운 선물이 될 수 있습니다.

그렇지만 내가 친구의 마음을 잘 알지 못하므로 내가 친구를 생각한다는 마음을 표현할 수 있는 선물을 준비하는 것도 중요합니다.

내가 친구에게 작은 선물을 준다면 그 친구의 기분이 아주 좋아질 수 있습니다.

나는 슬픈 친구를 위해 작은 선물을 준비할 수 있습니다.

4-2-1. 다른 사람에게 나의 기분을 알리겠습니다.

나는 여러 가지 기분을 느낍니다.

부모님이나 선생님께 칭찬을 받으면 기분이 좋아집니다.

맛있는 음식을 먹어도 기분이 좋아지지요.

하지만 어떨 때는 화가 날 수 있습니다.

화가 날 때 '나는 지금 기분이 안 좋아.', '지금 화가 났어.' 라고 나의 안 좋은 기분을 말로 이야기 합니다.

그러면, 다른 사람들이 나에게 왜 화가 났는지 알려고 합니다.

내 기분을 좋게 하기 위해서 나에게 여러 가지 이야기를 해 줄 수도 있습니다.

그럴 때 나는 화가 난 이유를 이야기 합니다.

그러면 내 기분도 조금 나아집니다.

하지만, 말하지 않고 화를 낸다면 다른 사람들은 나의 마음을 잘 알지 못하고 여러 가지 오해를 할 수 있습니다.

내가 말을 해야만 사람들이 나의 마음을 이해할 수 있습니다.

나는 화가 나면, 다른 사람들에게 내 기분을 말로 이야기 합니다.

4-2-2. 화가 난 이유를 잘 생각해 봅니다.

학교에서 친구들과 지내다 보면 여러 가지 속상한 일이 생깁니다.

예를 들어, 내가 손을 들었는데 선생님께서 나를 시켜주지 않으셔도 속상할 수 있습니다.

친구들이 내 물건을 함부로 만져도 화가 납니다.

그런데 어떤 때는 내가 왜 화 났는지 알지 못한 채 계속 화가 날 때도 있습니다.

그러면 더 화가 나기도 하고 더욱더 마음이 답답합니다.

나는 그럴 때 왜 화가 났는지를 생각해봅니다.

그리고 말로 조용히 이야기 합니다.

'옆에 있는 친구가 내 책을 떨어뜨려서 화가 났구나. 친구가 내 책을 떨어뜨린 것은 실수였어.'라고 말입니다.

그렇게 생각하고 이야기를 하다보면 내가 화난 이유가

참을 수 있는 정도라는 것을 알게 됩니다.

나는 내가 화가 날 때 왜 화났는지를 생각합니다.

그러면 내 마음이 이해되고 화도 풀릴 수 있습니다.

4-2-3. 그림으로 내 기분을 표현합니다.

사람들의 기분에는 여러 가지가 있습니다.

기쁜 마음도 있지만 때로는 화난 마음이 들 수도 있습니다.

화가 날 때 기분이 좋아지려면 시간이 필요합니다.

화가 난 상태에서는 사실 아무 것도 잘할 수 없습니다.

이럴 때에는 나의 기분을 좋게 해주는 다른 일을 하면서 마음을 풀 수 있습니다.

예를 들면, 그림을 그리는 것도 기분을 좋게 하는 일이 될 수 있답니다.

내가 제일 좋아하는 로봇을 그릴 수도 있습니다.

열심히 그림을 그리면 나의 기분이 조금씩 좋아집니다.

내가 좋아하는 것을 그리니까, 기분도 좋아집니다.

사람의 기분은 여러 가지가 있습니다. 그리고 기분은 노력하면 좋아질 수 있답니다.

나는 화가 나면, 내가 좋아하는 일을 해서 기분이 좋아지도록 합니다.

4-2-4. 기분이 좋지 않을 때 노래를 불러봅니다.

사람들은 화가 날 때 화를 풀기 위해 여러 가지 노력을 합니다.

물론 화가 날 때는 아무 것도 하기 싫어지기도 하지요.

그렇지만 내가 화를 내면 나도 힘들고 주변 사람들도 마음이 불편합니다.

나는 화가 날 때 노래를 부르거나 음악을 듣기도 합니다.

음악은 사람의 기분을 편안하게 합니다.

그래서 사람들은 음악을 좋아합니다.

노래를 부르거나 음악을 들으면 어느새 나의 기분이 좋아집니다.

나는 화가 나고 기분이 좋지 않으면, 노래를 부르거나 음악을 들으며 좋은 기분이 되도록 하겠습니다.

4-2-5. 나를 괴롭히는 아이에게는 이렇게 합니다.

나의 학교 친구들은 대부분 나와 친하게 지냅니다.

그렇지만 가끔은 나를 괴롭히는 아이들이 있습니다.

나를 괴롭히는 내용은 여러 가지입니다.

그렇지만 그 내용은 적절하지 않습니다.

그래서 나는 억울하고 슬프고 속상합니다.

하지만, 내가 속상해하다고 울거나 화를 내면 나를 괴롭히는 아이들은 더욱 더 나를 괴롭히고 그런 내 모습을 재미있어 할 수 있습니다.

그래서 계속 나를 괴롭힐 수 있습니다.

아이들이 나를 놀리면 '그렇게 하면 기분 나쁘니 더 이상 괴롭히지 말라.'고 정확하게 이야기해야 합니다.

그래도 자꾸 괴롭히면 선생님과 부모님께 도와 달라고 해야 합니다.

나 혼자서 어떻게 할 수 없는 일들은 선생님과 부모님께 말씀드려야 어른들이 아시고 도와주실 수 있습니다.

나는 나를 괴롭히는 아이들이 있다면 "하지마."라고 먼저 이야기 합니다.

그래도 계속 괴롭힌다면 선생님과 부모님께 말씀드려 도움을 받을 수 있습니다.

4-2-6. 괴롭히는 아이들과 멀리 떨어져 지냅니다.

가끔 나를 잘 모르면서 나를 괴롭히는 아이들이 있습니다.

그 아이들은 내 옆으로 와서 나를 괴롭힙니다.

내가 공부하는 것을 방해할 때도 있지요.

그럴 때는 그 아이들에게 "하지마."라고 이야기 합니다.

그래도 계속 괴롭힌다면 그 아이들로부터 조금 떨어진 곳으로 자리를 이동할 수 있습니다.

혹 그래도 자꾸만 따라와서 괴롭힌다면 나는 상담실이나 교무실로 갑니다.

상담실이나 교무실에 가서 선생님들께 도움을 청해야 합니다.

그리고 나의 힘든 마음을 선생님들께 말씀드려야 합니다.

나를 괴롭히는 아이들이 있다면, 그 아이들과 멀리 떨어져 지내고, 선생님께 도움을 청하겠습니다.

상담실

4-3-1. 친구에게 내 생각을 이야기합니다.

친구들과 놀이를 하거나 공부를 할 때는 서로 자신의 생각을 나누면서 지냅니다.

그런데 어떤 친구는 자신이 하고 싶은 대로만 행동할 때가 있습니다.

그럴 때, 나는 속상하고 친구가 불공평하다는 생각이 듭니다.

자기 생각만 하는 그 친구가 싫어지기도 합니다.

그럴 때는 친구에게 나의 생각을 바르게 이야기하는 것이 중요합니다.

왜냐하면 내가 정확하게 표현하지 않으면 다른 사람들은 내 생각을 잘 모를 수 있습니다.

자기가 좋아하는 놀이를 나도 좋아한다고 생각할 수도 있습니다.

친구와 함께 할 때, 친구에게 내 생각과 내가 좋아하는 것을 말할 수 있습니다.

4-3-2. 서로의 마음을 이야기 합니다.

여러 사람들이 모여 있을 때에는 많은 사람들이 좋아할 수 있도록 하는 것이 중요하답니다.
그래야, 서로 어울리는 일이 즐겁고 마음이 편하니까요.

그런데, 때로는 모둠활동을 하거나 놀이를 할 때, 서로 다른 친구들의 마음을 알지 못하고 자신이 하고 싶은 일만 하게 될 수도 있습니다.
그러므로 여러 친구들이 어떤 일을 해야 한다면 먼저 서로의 생각을 나누는 시간을 갖고 자신의 생각을 정확히 말할 수 있도록 해야 합니다.

나는 친구들과 함께 하는 동안 내 마음을 잘 알려줄 수 있습니다.
그리고 친구의 마음을 알리는 친구의 이야기도 잘 귀담아 듣겠습니다.

4-4-1. 실수를 했을 때에는 '죄송합니다' 또는 '미안해' 라고 말할 수 있습니다.

나는 가끔 실수를 합니다.

그럴 때는 내가 한 실수를 인정하고 잘못한 점을 사과할 수 있습니다.

예를 들어, 실수로 친구 물건을 떨어뜨리거나 친구 다리를 건드려서 넘어지게 했다면, '미안해'라고 말해야 합니다.

선생님께는 '죄송합니다. 다음부터는 실수하지 않으려 노력하겠습니다.'라고 말씀드립니다.

자기의 실수를 알고 다른 사람들에게 사과한다면 선생님과 친구들의 기분이 좋아집니다.

그리고 이렇게 말한 다음에는 같은 실수를 하지 않도록 노력해야 합니다.

나는 선생님과 친구들에게 실수를 했을 때는 '죄송합니다.' '미안해'라고 이야기 합니다.

숙제장

4-4-2. 친구와 악수를 하며 사이좋게 지내려합니다.

나는 친구와 사이좋게 지내고 싶지만, 친구의 기분을 상하게 하는 일이 종종 생깁니다.

친구들도 처음에는 내가 기분 나쁘게 한 일을 참아주기도 하지요.

하지만, 내가 자꾸만 실수를 하거나 친구의 기분을 상하게 하면 친구들과 사이좋게 지내기 어렵습니다.

친구의 기분을 상하게 하였거나 실수를 했을 때에는 친구에게 가까이 다가가서 '미안해'라고 말하며 악수를 합니다.

악수는 '서로 사이좋게 지내자'라는 뜻을 담고 있습니다.

나의 오른손을 내밀어서 친구의 오른손을 잡고 흔들지요.

그리고 미안하다고 말하면 됩니다.

그러면, 친구의 기분이 좋아집니다.

나는 친구의 기분을 상하게 했을 때, 친구와 악수를 하며 사과하고 사이좋게 지내겠습니다.